葬式仏教

――死者と対話する日本人

薄井秀夫

はじめに

〝葬式仏教〟とは、葬送が活動の中心となっている日本特有の仏教を示す言葉である。

日本では、葬儀の九割近くが仏教で行われている。そして日本人の多くはお盆には死者を家に迎え、お彼岸にはお墓参りをする。毎日のように仏壇にお参りしている人も少なくない。日本は仏教国といっても過言ではないだろう。

ただ、仏教という宗教は、釈迦(しゃか)の教えがもとになって生まれた宗教である。仏教徒は、この教えにもとづいた信仰生活を送るものだと考えられている。ところが日本では、教えにもとづく信仰生活を送っている人はきわめて少ない。教えには関心はないが、葬送は仏教で行うというのが日本の仏教徒なのだ。

葬式仏教という言葉は、こうした日本の仏教を揶揄(やゆ)して使われがちである。

「本来、教えを説くべき仏教が、それをせずに、葬式ばかりしている」と。ほかの国に、こんな仏教はない。葬式仏教というのは実にヘンテコリンな仏教なのだ。

しかし日本における葬式仏教の歴史は長い。室町時代の後半に生まれ、これまで五〇〇年以上にわたって日本人に信仰され続けてきた。

そして現代でも、葬式といえば仏教である。お墓で、仏壇で、みな当たり前のように手を合わせている。葬式仏教は、批判されながらも、圧倒的な支持を得ているのだ。

本書では、そうした葬式仏教に光をあて、知っているようで知らない葬式仏教の姿を明らかにしたいと思う。

信仰は単なる思想ではない。人の営みである。そこには「大切な家族があの世でも安らかであって欲しい」という切なる想いが込められている。葬式仏教は、日本人が生活のなかで信仰してきた、紛(まぎ)れもない宗教なのだ。

本書を通して、ぜひ葬式仏教の宗教世界に触れていただければと思う。

目次

第1章

人は死んだらどこへ行くのか?

【1】なぜ死者のことを「ホトケさん」と呼ぶのか

ホトケという死者

「八丁堀(はっちょうぼり)の旦那(だんな)、ホトケの身元が割れましたぜ」

テレビの時代劇などで、死者のことを「ホトケ」と呼ぶ場面を見ることがある。

「うちのかみさんが……」で有名なアメリカのテレビドラマ『刑事コロンボ』でも、死者のことを「ホトケさん」と語る場面がたびたび出てくる。もちろん吹き替え音声で、翻訳家による英語からの訳出である。ピーター・フォークが演じるコロンボ刑事が、毎回のように死者のことを「ホトケさん」と呼ぶのだが、不思議なくらい違和感がない。

家庭でも、亡くなった人のことを「ホトケさん」と呼ぶのは一般的である。「お盆にはホトケさんが帰ってくる」「仏壇のホトケさんに、お供えをしなきゃ」といった具合だ。

ご存じのとおり、ホトケとは仏さま、すなわち釈迦如来や阿弥陀如来といった信仰対象のことである。ところが日本では、死者のこともホトケという。つまり日本では、人は死んだらホトケになるのである。

もちろん「人が死んだら仏（如来）になる」という考え方は、仏教にはない。仏教学的にいえば、明らかに間違いである。しかし、日本人は何百年にもわたって死者をホトケと呼んできた。現代人も、違和感なく死者のことをホトケと呼んでいる。この事実を無視することはできない。

なぜ日本人は、死者のことをホトケと呼ぶのだろうか？

多義的なホトケ

『広辞苑』によると、「仏」の項目には次のような意味が記されている。

①目ざめたもの。悟りを得た者。仏陀。
②仏像。また、仏の名号。
③仏法。

④死者またはその霊。

辞書においても、「仏」は〝悟りを得た者〟〝釈迦如来や阿弥陀如来といった信仰対象としての仏〟だけでなく、〝死者〟のことを指している。

民俗学者の柳田国男（やなぎたくにお）は、「死者を無差別に皆ホトケというようになったのは、本来はホトキという器物に食饌（しょくせん）を入れて祀（まつ）る霊ということ」（『先祖の話』）と言っている。つまり、死者にお供えする器の名前の「ホトキ」が変化して、死者の霊を「ホトケ」と呼ぶようになったと説明している。ただ柳田は、この考えを想像説であると言っていて、どうも確信があるわけではないようである。

ちなみに、仏陀（悟りを開いた人）のことを「ホトケ」と言うようになったのは、日本に仏教が入ってきたとき、「ブッダ」を「浮屠（ふと）」と音訳し、それが変化したものとされている。

意味の混乱がもたらすもの

日本の仏教では、宗派ごとに〝教え〟があり、信仰対象としての〝本尊〟がある。本来、仏教徒は宗派の教えを信じ、本尊に手を合わせることになっている。

しかし、ほとんどの日本人は仏教の教えにあまり興味を持たず、本尊よりも死者に気持ちが向かっているのが現実だ。本尊は釈迦如来や阿弥陀如来など宗派ごとに決まっているが、本尊の名前すら知らない人が大多数である。

一方、日本人の多くは、死者を「ホトケさん」と呼びつつも、ホトケという言葉がもともと仏（如来）を指していることをなんとなく知っている。その前提のなかでは、死者をホトケと呼ぶことによって、あたかも死者がそうした仏と同列に並んでいるように見えなくもない。たとえ同列とまでは感じなくとも、聖なる存在として意識することになる。

この言葉の多義性は、死者と仏というまったく異なる意味の境界を曖昧（あいまい）にしてしまう。〝死者＝ホトケ＝仏（如来）〟という意味の混乱を引き起こすのである。その結果、あたかも死者が「あの世から見守ってくれる仏のような存在」であるかのごとく錯覚・認識することになる。死者という概念のなかに、仏の要素が浸食してくるのだ。

また同時に、ホトケという言葉は「悟りを開いて永遠の安らぎを得ている仏陀」のことも意味している。これも〝死者＝ホトケ＝仏陀〟という意味の混乱を引き起こし、死者があの世で仏陀のごとく安らかに暮らしていると錯覚・認識させることになる。

もちろん、身近な死者が、釈迦如来や阿弥陀如来のような仏になるとか仏陀になるなどと本気で信じている人はいない。しかし、このホトケという語の多義性は、そうした意味の混乱を私たちに引き起こす。意味の混乱というと悪いことのように聞こえるが、この意味の混乱は、結果として死と向きあう日本人に安らぎをあたえることになる。それは死者であるホトケが、〝仏陀のように〟あの世で安らかに暮らしていて、〝仏(如来)のように〟私たちを見守ってくれていると信じさせてくれるからである。

ホトケという言葉が多義的な意味を持つようになったから、日本人の死者崇拝の信仰が生まれたのか、日本人が死者崇拝の信仰を大切にしてきたから、ホトケという言葉が多義的な意味を持つようになったのかはわからない。ただ、この言葉が、日本人の信仰生活のなかで大きな役割を果たしてきたことだけは間違いない。

死者をホトケにする儀式としての葬儀

仏教における葬儀は、宗派によってそれぞれプログラムが異なるが、宗派を超えた共通点も多い。そのひとつは、儀式のなかに死者を正式な仏教徒にする場面があることだ。

仏教の葬儀は、仏教徒でないとできないとされている。正式に仏教徒となるためには、授(じゅ)

戒（仏教徒として守るべき戒を授かること）が必要であるが、ほとんどの人は生前に授戒を受けていない（戒のない宗派もある）。そのため後づけではあるが、葬儀のときに授戒を行い、戒名を授けて仏教徒にし、あの世へ送ることになっているのである。

このストーリーも、死んだらホトケになるという考え方と相似関係を成している。死んだら仏教徒にしてあの世に送るという葬儀のストーリーと、死んだらホトケになるという日本人の死生観の骨格は、ほぼ同じである。死者が安らかであって欲しいとの祈りが、こうした死生観や葬儀のストーリーを生んだ。これは、何百年にもわたって日本人が祈り続けてきた想いなのだ。

死んだらホトケの説得力

仏教の教義は、言葉や論理を駆使して、人が安らぎを得るための方法を説いている。それは二〇〇〇年以上にわたって発展してきた仏教の叡智である。ただ、深い教えになればなるほど、一般生活者にとっては難解になってしまい、誰もが理解できるものではなくなってしまった。

一方、仏教は民間信仰レベルで先祖供養という信仰を発展させ、死者の安らぎを祈り、死者に見守ってもらう信仰を深めてきた。「死んだらホトケ」という考え方には、そうした信仰が集約されている。ホトケという言葉が、仏（如来）や仏陀を意味すると同時に死者を意味することで、「死者が安らぎを得られる（仏陀になる）」「死者に見守ってもらえる（仏に見守ってもらえる）」という確信を象徴的に語ることになる。死者と仏、仏陀というそれぞれの意味の境界を浸食し、混乱させ、渾然一体とさせることで、死者があの世で安らかに暮らしており、私たちを見守ってくれる存在であることを印象づけるのだ。

仏教の深遠な教義は人を究極の悟りに近づけることができるかもしれないが、仏教の知識があって、日々それを実践に移せる特別な人にしか理解できない。その一方で、ホトケという言葉は、単なる習俗として使われているように見えるし、そこに教えが語られているようには見えない。ホトケという言葉に見られるのは、意味の混乱である。教義を深く学んだ人にとっては、いい加減な言葉の使い方に見えるに違いない。

しかし、日本人は何百年にもわたって死者をホトケと考えて暮らしてきた。死んでも安らかでいて欲しいという祈り、あの世から私たちを見守って欲しいという祈りは、このホトケという言葉に象徴されている。何百年にもわたって、普通の日本人が持ってきた信仰である。このことが、これまで日本人の死生観を育み、死への不安を和らげてきたことの意味は無視できない。

難しい教えよりも、「死んだらホトケ」のほうが圧倒的に説得力があったのである。だから日本人は、死んだらホトケになるのである。

【2】仏教は『千の風になって』が嫌い

『千の風になって』が起こした波紋

平成一八年（二〇〇六）に『千の風になって』という曲がヒットしたことを覚えている人は多いだろう。実はこの曲のヒットは、仏教界にかなり大きな波紋を起こしている。

歌詞（新井満・訳）に、これまでの仏教のあり方を否定しかねない内容があったからだ。特に問題になったのは、次の二つのフレーズだ。

「私のお墓の前で　泣かないでください。そこに私はいません」

「千の風になって　あの大きな空を吹きわたっています」

つまり、〝お墓に「私」はいない〟ということであり、〝「私」は空を漂っている〟ということである。死者が生者に語りかけるという歌詞であるので、漂っている「私」は〝魂〟と考えていいだろう。

私の親しくしている僧侶のなかにも、この歌が流行(はや)っていることに対して、批判的な意見を言う人が多かった。「伝統的な死生観を否定するものだ」「死者供養の大切さを否定している」と。

さらに、高野山真言宗や浄土真宗本願寺派の教団トップが批判的なコメントを出すなど、異例の事態にまで発展している。当時、高野山真言宗の管長だった松長有慶(まつながゆうけい)氏は「亡くなった人まで利用して、自分の寂しさを癒やされたいと思う現代人の身勝手さ」（朝日新聞大阪版、二〇〇九年四月四日付）と述べ、浄土真宗本願寺派の門主(もんしゅ)だった大谷光真(おおたにこうしん)氏は「自力の修行も他力の救いも関係なく、故人を自然現象に置き換えるだけであっては、物足りない気がいたします」（浄土真宗本願寺派ホームページ／二〇〇七年、秋の法要 ご門主法話）と述べている。

これらふたりの教団トップのコメントに共通しているのは、この歌の流行の背景に〝現代人の死生観の貧困さ〟を感じていることである。「その場しのぎで、深みがない」と。もちろん、「死者の魂が空を漂っている」という考えが、仏教の教義にあわない側面もあるだろう。

教団トップだけでなく、一般の僧侶もこの歌の流行に釈然としないものを感じているようだった。そして、「死者がお墓にいないという考えが、お墓否定につながるのではないか」といった恐れを無意識にいだいていたように思えた。事実、檀家からこの歌について質問され、「死者がお墓にいないなら、墓参りしてもしょうがねーな」などと嫌味を言われたと話す僧侶が何人かいたことを憶えている。

教義的にも許しがたい、お墓のあり方を否定するのも許しがたいということであろう。たしかに、死者の魂が「千の風になって　あの大きな空を吹きわたっています」という考えは、仏教の教義にはない。しかし、ほとんどの日本人は教えを通して仏教徒になったわけではなく、むしろ死者の供養をするために仏教徒になっている。そもそも仏教の教義における「死後の世界」観は、とても壮大であり、かなり複雑で、難解のものとなっている。今も昔も、僧侶以外でそうした高度な教義を理解している一般人は少数派だ。

多くの日本人は、仏教の教義を身につけているのではなく、曖昧で感覚的な「仏教〝的〟死生観」のなかに生きているのである。そして、この曖昧で感覚的な死生観は、決して宗教的に程度が低いというわけではない。むしろ、この死生観こそが、日本の仏教の根底を支え続けてきたといっても過言ではないだろう。

万葉の時代から続く素朴な感覚

『万葉集』には、死んだ人の魂が空に上っていくという歌が多く詠まれている。たとえば、柿本人麻呂が亡くなったときに、その妻は次のように詠んでいる。

直の逢ひは 逢ひかつましじ 石川に 雲立ち渡れ 見つつ偲はむ

「どうしても夫に逢いたいが、もう逢えないなら、雲を見て夫を偲ぼう」という歌意である。つまり夫である柿本人麻呂の魂は、〝雲となって漂っている〟と考えられていたということだ。万葉の時代から、日本人はこうした感覚を持っており、ごくごく自然なことであるのだ。『千の風になって』の世界観は、現代人だけのものではない。

ちなみに、「そこ（お墓）に私はいません」という歌詞に共感した人が、お墓参りをしないかというと、そうではない。『千の風になって』を聴いているときは、その歌詞に感動し、お墓の前に行くと、そこに大切な家族の存在を意識して手を合わせる。信仰はそういう曖昧さを持っている。人の心や信仰は、理屈では割り切れないのである。

『千の風になって』の歌が多くの人に受け入れられたのは、現代人の信仰が浅くなったからでもなく、死生観が貧困だからでもない。むしろ、日本人の根っこにある感性に訴えかけるものがあったからではないだろうか。

【3】魂はどこへ行った？

仏教は魂をどう考えるか？

葬儀は、亡き人の〝魂〟を無事〝あの世〟へ送る儀式である（教義上は、そう考えない宗派もある）。しかし、江戸時代以前ならいざ知らず、この現代で〝魂〟とか〝あの世〟というものを真面目に語るのは簡単なことではない。

現代社会は、科学的な考え方が大切にされている。もちろん、教育も科学的な考え方にもとづいてなされている。

こんな時代で、「亡き人の魂を無事あの世へ送る」ということを、人々は本当に信じているのだろうか。非科学的で、荒唐無稽（こうとうむけい）なものと思っていないだろうか。

そこで魂とあの世である。そもそも魂とは何であるのか、あの世とは何であるのかである。

まず、魂とあの世について、仏教ではどう考えているかについて触れたい。意外に思うかもしれないが、仏教では教義上、あまり魂について語ることはない。むしろ、魂については語るべきではないというのが、仏教の基本的な姿勢である。なぜかというと、お釈迦さまが死後について語らなかったからということだ。

〝無記（むき）〟という言葉がある。これは「お経に記されていないこと」を意味し、特に「お釈迦さまが魂について質問されたときに、沈黙を守って、答えることがなかったこと」を指している。原始仏教の『小マールキヤ経』というお経のなかには、次のような物語が語られている。

お釈迦さまの弟子であるマールキヤプッタ尊者は熱心な修行者だったが、いくら修行をしても「この世界は永遠か否か」「この世界は有限か無限か」「命と身体は別々のものか」「ブッダは死後も存在するのか」といったことがわからず、思い悩んでいた。

そしてあるとき、この疑問について解き明かしてもらおうと師匠であるお釈迦さまのもとへ行き、「この答えを教えてください。もしお答えいただけないのなら、修行は辞めようと思います」と質問する。

お釈迦さまは、「おまえの言っていることは、毒矢に射貫かれた人が医者に手当てしてもらおうとするとき、『その毒矢を射た人がバラモン（司祭階級）であるか、クシャトリヤ（王族）であるか、バイシャ（農商工業者）であるか、シュードラ（奴婢）であるかを調べて欲しい。わからないうちは、矢を抜かないでほしい』と言っているようなものだ。そんなことを考えていたら、答えを知る前に死んでしまうぞ」と答える。

そして「毒矢を射た者が誰であろうと、毒は身体に回っていく。お前の疑問に対する答えがなんであろうと、生老病死の苦しみはある。大切なのは、手当てをどうするかだ」と諭したのである。

仏教において魂が論議されるとき、必ずと言っていいほど出てくるのが、この〝毒矢のたとえ〟として知られる物語である。マールキヤプッダ尊者の四つの質問のなかには「ブッダは死後も存在するのか」というものがあり、お釈迦さまはそれに答えなかったという。仏教ではこの物語をもとに、魂の問題には触れるべきではないと考えられているのだ。

経典には、おおざっぱに分けて原始仏典と大乗仏典があるが、原始仏典のほうがお釈迦さまの教えを忠実に伝えているといわれている。〝毒矢のたとえ〟が語られているのも原始仏典であるが、原始仏典では魂について語っている内容のものはほとんどない。わずかに

〝毒矢のたとえ〟のように、否定的にとらえる内容のものがあるくらいである。

おそらくお釈迦さまも、この物語が語るように、魂についてはあまり関心を持っていなかったということが推察される。

宗派ごとにあの世は異なる

日本の仏教は〝大乗仏教〟である。大乗仏教は原始仏教から発展したとはいえ、かなり異なる考え方をしている。

原始仏教では修行を重ねて悟りに近づくことが重要視されたが、大乗仏教ではむしろ厳しい修行がなくとも悟りに近づけることが強調される。要するに、「誰もが救われる」というのが大乗仏教である。

日本に伝わった仏教は、さらに独特の展開をするようになる。特に法然（ほうねん）が専修（せんじゅ）念仏を説いて以降、〝専修〟、つまりたくさんの教えや修行のなかからひとつを選んで、そこに専心するということが仏教界の主流になっていった。

法然以前の仏教は、厳しい戒律と多種多様な教えを包括した宗教だったが、法然はそれを単純化し、誰にでもわかりやすい仏教を説いたのである。日本人にとっては、このシンプルな教えが馴染みやすかったようで、その後の日本仏教は法然の考えた〝専修／単純化〟の流れを進んでいく。法然の専修念仏の流れを汲んだ親鸞も同様であり、禅を強調した道元、題目を強調した日蓮もみんな専修の道を歩んでいる。

実は日本の仏教にさまざまな宗派があるのは、専修が大きな役割を果たしている。念仏にしても、禅にしても、題目にしても、どれかひとつだけを強調するため、別のものを強調するグループと相容れないのである。

魂についての考え方も、宗派によって隔たりがある。霊の存在を積極的に肯定する宗派もあれば、完全に否定する宗派もある。霊の存在を前提とした宗教活動をしているにもかかわらず、宗派としては公式見解を出していない宗派もある。

立命館大学名誉教授の安斎育郎氏が、仏教各宗派に対して実施した「霊についてのアンケート調査」があるので、解説を抜粋したい。

「霊はいかなる意味においても存在しない」とする本山佛光寺（浄土真宗）から、「霊は実体をもった存在である」とする総本山金剛峯寺（高野山真言宗）、比叡山延暦寺（天台宗）、日蓮主義仏立講（日蓮宗）まで、霊に関する見方には大きな振幅が見られた。

（中略）

結果として「霊は実体を持った存在」「人々の観念としての存在」「霊は存在しない」「特定の見解を定めていない」など多種多様な見解が示され、一三宗一四〇派を超えると言われる日本の仏教においては、いずれの宗派のいずれの僧侶に出会ったかによって、霊に関する理解には極めて大きな隔たりが生じ得ることが示された。すなわち、日本の仏教における霊概念の現状を概括すれば、仏教界全体としては「混乱の極みにある」と言える。（安斎育郎・著『霊はあるか——科学の視点から』講談社ブルーバックス）

宗教情報センターの藤山みどり氏は「現代の伝統仏教の『死後の世界』観」（宗教情報センターwebsiteにおけるレポート）のなかで、主要七宗派が霊魂に対して肯定的か否定的かについて、宗派の出版物を詳細に分析して次のように分類している。

高野山真言宗　肯定的

天台宗　肯定的

浄土宗	教義では否定するが、習俗としての霊魂の存在には寛容
浄土真宗本願寺派	否定的
真宗大谷派	否定的
曹洞宗	宗旨では否定するが、習俗としての霊魂の存在を尊重
日蓮宗	肯定的

私が仕事を通して付き合っている僧侶の方々と話をすると、やはり宗派によって偏りがある。しかし、同じ宗派の僧侶がみんな同じ考え方をしているわけではなく、肯定派の多い日蓮宗・真言宗・天台宗であっても、前述の無記論などを根拠に、「仏教と魂はなんの関係もない」と考えている僧侶が一定数いる。逆に、教義的には否定的な浄土真宗の僧侶でも、魂という考え方を受け入れている僧侶がいるのも事実だ。

科学的な考えが大切にされる現代では、霊魂の存在を受け入れるのが難しい時代である。仏教の教義も、霊魂否定の方向に寄っている。霊魂の存在に肯定的な宗派はあるものの、日本仏教としての統一的な考えはない。

あの世の存在も同様である。仏教では、あの世のことを〝浄土（じょうど）〟と言うことが多い。しかし、ひとことで浄土と言っても、実は宗派によって異なる場所を指している。

もっとも有名なのは、極楽浄土である。西方浄土とも言われ、西の方角にある阿弥陀如来の浄土である。浄土宗や浄土真宗で「浄土」と言えば、極楽浄土のことを指す。

真言宗は、大日如来の浄土である密厳浄土、あるいは弥勒菩薩の都卒浄土を説いている。

日蓮宗など法華経を奉じる宗派は、釈迦如来が教えを説いた霊山浄土を説いている。曹洞宗では、霊山浄土を説く法華経を用いるものの、浄土を説くことはほとんどない。

極楽浄土以外の浄土は、あまり日本人には馴染みがない。ある日蓮宗の僧侶が、「葬式のときなどに檀家さんから『うちの父は極楽に行けたのでしょうか?』と聞かれることがありますが、『日蓮宗では、極楽じゃなくて霊山浄土なんだけどな』と思いながらも『無事、お浄土へ行くことができましたよ』と言いますね。割り切れない思いはあるけれど、霊山浄上と言っても伝わらないからしょうがないですね」と言っていたことが印象的である。

浄土真宗の僧侶から次のような意見を聞かされたこともある。テレビのニュースでアナウンサーが「故人も天国で見守ってくれていると思います」とコメントしたことに対して、「日本人はほとんどが仏教徒で、浄土に行くのに、天国という言葉を使うのははけしからん」と。もちろんアナウンサーは、天国という言葉をキリスト教的な意味で使ったわけではないだろう。仏教の浄土も、キリスト教の天国も、あるいは宗教以前の曖昧なあの世観も含めて「天国」と言ったに過ぎない。そんなに敏感に反応する必要もないと思うのだが、僧侶にとってはなかなか割り切れない問題のようだ。

そこで問題は、「浄土というものが本当にあると信じているのか」ということである。

少なくとも近代以前の日本人は、「西の方角に極楽浄土が本当にある」と信じていた。それは必ずしも、私たちが住んでいる世界と同じように〝物質的な実体を持つ世界〟ということではない。仏さまの世界であり、この世界とは次元の異なる世界である。この物質的な世界とは異なるという意味で、霊的な世界と言ってもいいだろう。そして、そうした世界が本当に西の方角に存在していると考えていた日本人は、決して少なくなかったはずである。

ちなみに、法華経の霊山浄土は極楽浄土とはちょっと事情が異なり、実際にインドにある霊鷲山（りょうじゅせん）のことで、現在はチャタ山と呼ばれている。お釈迦さまが法華経を説いた地であり、インド仏跡ツアーなどで行くことができる。

もっとも、信仰的には霊鷲山がこの世に存在すると考えられていたわけではない。特に近代以前の日本人にとっては、インドそのものが途轍（とてつ）もない遠隔地であり、私たちが住んでいるこの世界と同じ「物質的な実体を持つ世界かどうか」すら、あやふやだった。インドは〝天竺〟と呼ばれ、この現世とは異なる、いわば〝霊的な世界〟として考えられていた節がある。ただ、この世にあるのか、あの世にあるのかは別にして、この霊山浄土も、多くの人が「どこかに存在している」と信じていたのは間違いない。

現代の私たちはお釈迦さまが二五〇〇年くらい前に実在していた人物であることを知っているが、近代より前の人々は釈迦如来も阿弥陀如来も観音菩薩も、みんな超越的な存在であると考えていて、まさかお釈迦さまが自分たちと同じ普通の人間だったとは考えもしなかった。むしろ日本仏教の歴史のなかでは、お釈迦さまは実在の人物だったと認識されていた時代のほうが短い。日本人が、お釈迦さまが歴史上の人物と知るのは、明治時代に西洋から科学的な仏教学が日本に入ってきてからのことである。つまり日本人は、西洋経由で〝人間釈迦〟を知るのである。

明治維新のとき、日本人は欧米から入ってきた文化はどれも先進的なものに見えていた。特に西洋文化の根底にある科学的な思考、論理的な思考を学ぶようになると、これまでの日本文化が〝劣ったもの〟に見えてくる。そこで当時の仏教界に、日本仏教は非論理的であるとの反省から、仏教を近代的な思考で解釈しなおそうという運動が生まれてくる。そうした流れのなかで注目すべきなのは、浄土真宗を中心に、浄土は私たちの心のなかにある、あるいは現実の生活のなかにあるという考えが生まれてきたことである。

真宗大谷派の本山である東本願寺が刊行する門徒(信者)向けの冊子には次のようなことが述べられている。

「浄土ということが、種々に誤解され、あたかも死後の世界であるかのごとくなっています」「全くそういう自我関心の一点もないところに展開する生活を浄土というのでありま す」(『真宗生活入門講座Ⅱ 仏教をめぐる対話』東本願寺)

科学的な思考が広がってくると、死後の世界が「存在している」という考え方がどうしても不都合になってくる。浄土は現実の生活のなかにあるという再解釈は、時代に応じた自然な流れなのだ。こうするしか、科学的思考との整合性を保つことはできないのである。

ただ、必ずしもこうした論理的な考え方が人々に受け入れられたとは言えない。いまだ多くの人たちにとって、浄土は死後の世界なのだ。浄土は〝あの世〟であるのだ。

浄土という概念が、科学的思考とのあいだで揺れ動いているのである。浄土は人の内面にあるのか、浄土はどこかに存在しているのか。

魂という概念は仏教の教義のなかではさほど重要な位置を占めていないが、浄土という考え方は教えのなかで極めて重要な位置に存在している。特に浄土宗・浄土真宗については、宗派の名称に「浄土」という言葉がついているほどである。〃浄土〃をどう理解するかは、宗派の根本にも関わる問題でもあるのだ。

現代社会と魂

現代人は、魂についてどのように考えているだろうか。まず考えなくてはならないのが、〃魂〃とは何を指しているのかということである。ここまで特に定義的なことに触れずに〃魂〃という言葉を使ってきたが、この言葉が何を指すのかは人によってかなり異なっている。共通するのは、死んだあとも存在し続ける何か——人格、いのちのようなもの——といったことぐらいだろう。

そもそも日本語には、〃魂〃という言葉に近い意味を示す言葉がたくさんある。霊、霊魂、魂魄(こんぱく)、幽霊などである。辞書的には微妙な意味の違いがあるのだが、そもそも使う人によって何を指しているのかがバラバラなため、辞書的な意味の違いを示してもあまり意味はないだろう。ここでは、とりあえず言葉は〃魂〃に統一して、話を進めさせていただく。

そこで「日本人が考える魂とは何か」について、整理してみる。まずは、「魂はどこにいるか」である。これは大きくわけて次の二つであろう。

（1）この世のどこかにいる存在／人が死んだあと、この世のどこかに存在している目に見えない意識のようなもの

（2）あの世に行く主体／人が死んだあと、あの世（浄土、天国など）に行く主体

そして、人間との関わりという点では、次のようなものがあるだろう。

（A）存在しているが、私たち生きている人と交流はできない

（B）私たち生きている人とコミュニケーションがとれる

日本人がイメージする魂は、だいたいここにあげた項目の組み合わせのどれかに当てはまる。

もちろん、「魂なんか存在しない」と考える人もいる。現代人は科学的な考え方を大切にしているうえ、生活の営みの多くは科学にもとづいている。そして科学は、魂の存在を受け

入れることはない。科学的に考えれば、魂なんか荒唐無稽な妄想に過ぎないのである。

日本の教育制度も、科学的な考え方が根底にある。魂という非科学的な概念は、教育のなかでは無視されている。現代の日本人は、ほとんどがこうした教育システムのなかで育ってきている。「魂は存在すると思いますか？」と聞かれたら、「そんなものないよ」と答えるのが普通であろう。

統計調査が語る現代人のあの世観１

私が代表を務める株式会社寺院デザインでは、令和三年（二〇二一）八月にコロナ禍がどう葬送に対する意識に影響しているのかを調べるため意識調査を行った。

（全国生活者意識調査「コロナ禍と仏事」／調査期間 令和三年八月九～十五日／調査対象　四〇歳以上の男女／調査人数 四〇〇人／調査方法 インターネット調査会社によるアンケート調査／株式会社クロスマーケティングに委託／調査主体 寺院デザイン）

調査では、「亡くなった家族は、どこにいると思いますか？」という設問も用意した。人は死んだらどこに行くのかということである。

回答は、予想に反して多岐にわたる分布となった。最も多いのは〈あの世にいる〉の三五・〇%、次いで〈浄土にいる〉の二九・三%だった。

私は、〈あの世にいる〉という回答が多いことは予想していたが、〈浄土にいる〉という回答は少ないのではないかと見積もっていた。〝浄土〟という言葉は宗教性の強い言葉なので、なんとなく仏教徒になっているような人たちにはあまり馴染みがないのではないかと思ったのだ。つまり、多くの人たちは、仏教の影響が顕著な〝浄土〟ではなく、特定の宗教色の少ない〝あの世〟という言葉のほうに親しみがあるに違いないと考えたのである。

結果は〝あの世〟のほうが多かったが、〝浄土〟も決して少なくない人に選択されていた。もちろん、〝浄土〟を選んだ人のすべてが、仏教の教義的な〝浄土〟を理解したうえで選択しているわけではないが、まだまだ〝浄土〟という言葉が市民権を得ていることは発見だった。

一方、〈死んだらすべて無くなるので、どこにもいない〉という選択肢を選んだ人は、二四・五%だった。〝あの世〟や〝浄土〟に比べれば若干少ないが、それほど差があるわけではない。ただ、これもどう評価するかは難しいところである。

全国生活者意識調査「コロナ禍と仏事」

「亡くなった家族は、どこにいると思いますか？」

（複数回答可）

		回答数	%
全体		400	100
1	どこかに生まれ変わっている	52	13
2	あの世にいる	140	35
3	浄土にいる	117	29.3
4	天国（キリスト教の）にいる	14	3.5
5	天国（特定の宗教で無い）にいる	30	7.5
6	この世界のどこかにいる	23	5.8
7	山の向こう、草場の陰などにいる	2	0.5
8	お墓にいる	26	6.5
9	仏壇にいる	12	3
10	死んだらすべて無くなるので、どこにもいない	98	24.5
11	その他	11	2.8
	非該当	0	0

寺院デザイン2021年調査

現代においては、ほとんどの人たちが科学的な価値観を持っている。そう考えると、〈死んだらすべて無くなる〉が一〇〇%でもおかしくないはずである。二四・五%という数字は決して多いとは言えないだろう。

意識調査では、お盆にどんな行動をしているかを聞く設問もある。「今年はコロナ禍で例年どおりのお盆とはいきませんが、通常の年のお盆では、どんなことを行っていますか?」というものだ。

この設問と前述の「亡くなった家族は、どこにいると思いますか?」という設問をクロス集計すると、興味深い数字が出てくる(38〜39ページ参照)。〈死んだらすべて無くなるので、どこにもいない〉と回答した人が、お盆にどんな行動をしているかが見えてくるのだ。

〈死んだらすべて無くなる〉と考えている人のうち、〈仏壇で亡くなった家族を供養する〉を選択した人は二八・六%、〈仏壇で先祖代々の魂を供養する〉が二二・二%、〈お盆の期間、先祖を家に迎える〉が一六・三%である。これは回答者全体におけるそれぞれの回答が四一・〇%、二四・五%、二三・五%に比べると低い数字であるものの、回答者全体の回答率の約半数がこうした供養に関わる行動をしていることになる。

さらに〈お墓参りをする〉に関しては、〈死んだらすべて無くなる〉と考えている人の実に五〇・〇％が選択している。回答者全体のなかで〈お墓参りをする〉を選択した人が五五・八％であることと比較しても驚くほど高い数字だ。

ここから推察できるのは、〝理性〟では〈死んだらすべて無くなるので、どこにもいない〉と考えていても、〝感覚〟では〈死者がどこかにいる〉と感じているのではないかということだ。死んだらすべて終わりならば、供養に意味はない。それでもお墓参りをしたり、仏壇にお参りをしたりするということは、死後のなんらかの存在を意識しているのである。

なった家族は、どこにいると思いますか？」のクロス集計

（複数回答可）　＜%表＞

先祖を迎えるため、キュウリの馬、ナスの牛をつくる	親類と会う	家族で過ごす	孫に会う	実家に滞在する	お坊さんに来てもらい、お経を読んでもらう	お寺に行って、法要に参加する	家族で遊ぶ	身体を休める	その他
8.5	17.0	32.0	4.8	14.0	10.3	6.0	2.3	18.0	3.8
11.5	25.0	50.0	3.8	25.0	19.2	15.4	3.8	15.4	1.9
10.7	17.9	34.3	5.0	19.3	12.1	6.4	2.1	12.1	4.3
6.8	17.1	39.3	6.0	12.8	12.8	10.3	1.7	13.7	0.9
14.3	14.3	35.7	0.0	21.4	7.1	0.0	7.1	14.3	7.1
0.0	26.7	40.0	6.7	20.0	6.7	6.7	0.0	0.0	6.7
8.7	21.7	34.8	0.0	13.0	4.3	0.0	4.3	17.4	4.3
0.0	50.0	50.0	0.0	0.0	0.0	0.0	0.0	0.0	0.0
23.1	26.9	30.8	7.7	15.4	11.5	3.8	0.0	23.1	0.0
16.7	41.7	33.3	16.7	16.7	16.7	0.0	0.0	16.7	0.0
7.1	10.2	21.4	5.1	7.1	5.1	2.0	2.0	28.6	6.1
0.0	27.3	18.2	0.0	9.1	27.3	0.0	0.0	9.1	9.1

寺院デザイン2021年調査

全国生活者意識調査「コロナ禍と仏事」

「お盆では、どんなことを行っていますか？」と「亡く

お盆に行うこと／亡くなった家族のいる場所	全体数	仏壇で亡くなった家族を供養する	仏壇で先祖代々の魂を供養する	お盆の期間、先祖を家に迎える	亡くなった家族を思い出す	お墓参りをする	迎え火・送り火を焚く
全体	400	41.0	24.5	23.5	28.3	55.8	14.3
どこかに生まれ変わっている	52	53.8	30.8	25.0	25.0	63.5	17.3
あの世にいる	140	44.3	28.6	27.1	34.3	60.0	16.4
浄土にいる	117	51.3	35.0	27.4	38.5	60.7	12.0
天国（キリスト教の）にいる	14	28.6	28.6	28.6	50.0	28.6	7.1
天国（特定の宗教で無い）にいる	30	43.3	16.7	23.3	33.3	66.7	6.7
この世界のどこかにいる	23	47.8	26.1	21.7	39.1	60.9	8.7
山の向こう、草場の陰などにいる	2	50.0	50.0	50.0	50.0	50.0	50.0
お墓にいる	26	26.9	34.6	34.6	30.8	53.8	26.9
仏壇にいる	12	33.3	50.0	33.3	50.0	50.0	25.0
死んだらすべて無くなるので、どこにもいない	98	28.6	12.2	16.3	20.4	50.0	12.2
その他	11	36.4	18.2	36.4	18.2	63.6	18.2

統計調査が語る現代人のあの世観 2

読売新聞は「年間連続調査・日本人」という調査を定期的に行っていて、このなかには宗教観についての項目がある。

二〇〇八年の調査には、「あなたは、死んだ人の魂は、どうなると思いますか、回答リストの中から、1つだけあげてください」という質問がある。回答の数字は以下のとおりだ。

1 消滅する　一七・六%
2 墓にいる　九・九%
3 別の世界に行く　二三・八%
4 生まれ変わる　二九・八%
5 その他　〇・九%
6 魂は存在しない　九・〇%
7 無回答　九・一%

〈魂は存在しない〉と答えているのは、わずか九・〇%である。消滅する（生きているうちは魂があるが、死ぬと消滅する）と答えている人を加えても、二六・六%に過ぎない。

また、NHK放送文化研究所が参加している国際比較調査プログラム（ISSP）というものがある。世界各国の調査機関がまったく同じ質問をして、国ごとの傾向を比較するというものだ。

二〇〇八年に行った調査のなかには、宗教意識についての質問がいくつかあり、そのなかに「祖先の霊的な力はあると思いますか？」というものがある（42ページ参照）。

設問に対して肯定的に答えている（「絶対にある」「たぶんあると思う」）日本人の割合は、六三・〇%（「わからない」「無回答」は除く）である。現代のような、科学万能主義の時代であっても、実に半分以上の人が祖先の霊的な力を信じているのである。

これだけでも驚きなのだが、六三・〇%という数字は、調査した三四カ国・地域のなかで最も高い数字なのである。ちなみに二位は、台湾の六〇・九%である。五〇%を超える国は、南アフリカとトルコを加えた四カ国・地域しかない。

つまり、日本人は世界でもまれに見るほど先祖の魂の力を信じている国民なのである。考

国際比較調査プログラム

「祖先の霊的な力があると思う人の割合」の世界ランキング

（複数回答可）

[質　問]　**祖先の霊的な力はあると思いますか？**

[選択肢]　「絶対にある」「たぶんあると思う」「たぶんないと思う」「決してない」

[データ]　「絶対にある」「たぶんあると思う」の割合

●調査時期：2008年　●国・地域数：34カ国・地域　●単位：％

順位	国・地域	％
1	**日本**	**63.0**
2	台湾	60.9
3	南アフリカ	56.7
4	トルコ	52.8
5	ウクライナ	48.7
6	チリ	41.3
6	フィリピン	41.3
8	ロシア	41.2
9	メキシコ	40.7
10	アイルランド	38.0
11	ドミニカ共和国	35.1
12	オーストリア	33.7
12	ラトビア	33.7
14	韓国	33.5
15	スイス	30.5
16	ポルトガル	29.3
17	ニュージーランド	28.7
18	ウルグアイ	27.7
19	オランダ	27.0
20	スロベニア	25.7
21	スペイン	25.0
22	アメリカ合衆国	24.9
23	スロバキア	23.1
24	ノルウェー	21.6
25	イギリス	21.0
26	スウェーデン	20.6
27	チェコ	19.7
28	フランス	19.5
29	フィンランド	17.7
30	ドイツ	17.6
31	ベルギー	16.1
32	デンマーク	13.8
33	クロアチア	13.5
34	キプロス	10.8

註　わからない・無回答は除く。
資料ISSP 2008年調査

えてみれば、仏壇のある家では、そこにご飯やお茶、お菓子などを供えるのが一般的だ。故人の好きだったものを供えるのは、そこに故人の魂がいるという前提があるからと言える。

災害のときに位牌を持って逃げる人も多いという。多くの日本人は、位牌を単なるモノではなく、そこに魂が宿っていると考えているからである。このように日本人の生活のなかには、無意識に〝魂の存在〟が前提となっている行動が少なくない。

今後も科学は魂の存在を認めることはないだろう。先に述べたように、仏教もどちらかというと魂の存在を認めない傾向がある。科学も仏教も、魂否定論者なのである。

にもかかわらず、現代の日本人は魂を信じている。魂に慣れ親しみ、先祖に手を合わせることの大好きな国民なのだ。

死んでも安らかでいられるという信仰

現代のような時代であっても、あの世が存在していると考える人が数多くいる。人は死んでもなんらかの人格的な存在として、つまり死後も魂としてありつづけると信じる人々が数多くいる。

もちろん、科学的に考えれば荒唐無稽な話である。それでも現代人はあの世を意識し、死後の存在を前提にした行動をとっている。仏壇に故人の好きだったものを供えて手を合わせる、お墓で手を合わせながら故人に声をかける、お盆にキュウリやナスの乗り物をつくって故人を家に迎え入れる、などがそれだ。そもそも、お墓参りや仏壇へのお参り自体が、どこかにいる故人が安らかであって欲しいという思いの表れである。

多くの人が、なんとなくあの世を信じている。そのことは、疑いようのない事実である。そして、あの世が存在していると考える理由はさまざまだ。宗教的な信念であの世を信じている人もいるだろう。ただ、ほとんどの人たちは、仏教の浄土についての知識があるわけではない。なんとなく、あの世を信じているだけである。

それは、死んだ家族が安らかであって欲しいという素朴で優しい思いの表れである。死は不幸な出来事ではないと思いたい、切なる願いかもしれない。故人と語りあいたい、故人に見守って欲しいという、すがるような思いの表れであるかもしれない。

死への恐怖や不安は、今のところ科学で解決することはできない。その意味では、あの世を信じること、死んでも安らかでいられる可能性を信じることは、私たちが死と向きあううえで大いに意味のあることである。

供養という行為を通して、死者が安らかであることを願い、死者に見守ってもらう。供養し、供養されるからこそ、自分自身も死んでから安らかであると信じることができる。人は死んでも、遺された人とのコミュニケーションは続いているのだ。

こんな時代でも、魂とあの世を信じる人がたくさんいる。そのことは日本人にとって、決して悪いことではない。日本人の死生観が豊かであることの表れであるように思うのだ。

【4】葬儀というドラマ

人はなぜ葬儀をするのか？

人はなぜ葬儀をするのか？

この疑問に対する答えはひとつではない。人によっても異なるし、時代によっても異なる。同じ人物であっても、理由はひとつではない。宗教や宗派によっても、葬儀についての異なった考え方がある。

葬送研究の第一人者でもある碑文谷創（ひもんや はじめ）氏が書いた『葬儀概論』という書籍がある。これは、葬儀社で働く人が取得する葬祭ディレクターという資格試験の教科書にもなっていて、葬儀社で働く大半の人が読んでいる。『葬儀概論』のなかに「葬儀はなぜするのか」という項目があり、葬儀には五つの役割があることが示されている。

1　社会的な処理（社会的な役割）
2　遺体の処理（物理的な役割）
3　霊の処理（文化・宗教的な役割）
4　悲嘆の処理（心理的な役割）
5　さまざまな感情の処理（社会心理的な役割）

最初の〈社会的な処理〉は、「葬儀は社会が死を確認するためのものである」ということを言っている。人の死を社会に知らしめるものであり、死亡届の提出や相続などの手続き的なことも含まれる。

葬儀のことを、「葬儀・告別式」と言う場合もある。仏教のお葬式の場合、私たちがひとつのものだと思っている儀式は、〝前半が葬儀、後半が告別式〟という別の儀式である。後半で参列者が焼香する時間があるが、その部分が告別式である。ただし、これにはいろいろと説があり、葬儀と告別式は一体となっていて、どこからが葬儀でどこからが告別式と区別できないという考えもある。

葬祭ホールなどの掲示には「○○家 葬儀・告別式」と書かれていることが多い。告別式は名前のとおり〝告別のための儀式〟、すなわち〝お別れのための儀式〟である。こうした「別れ」も社会的な処理のひとつである。

次の〈遺体の処理〉は、「遺体を火葬（あるいは土葬）したりすること」を指す。現代では、遺体をドライアイスで冷やしたり、冷蔵保管庫に入れたりするので、すぐに傷むことはない。しかし、ひと昔前は亡くなるとすぐに腐敗が始まり、夏場などはかなりの異臭がしたらしい。感染症の危険もあり、遺体に触れることで病気になる人も多かった。少しでも早く火葬や土葬にして、こうした事態を避けなければならない。

遺体が腐敗するということは、だんだんと生前とは異なる姿になっていくことでもある。遺された家族は、当然そんな姿を見たくない。死者の尊厳をまもる意味でも、早急に火葬や土葬をする必要があるのだ。

そして〈霊の処理〉は、「亡くなった人の魂を無事あの世に送ること」である。この役割は宗教が担っていて、「葬儀」の宗教的な部分はここにあると言える。

〈悲嘆の処理〉は、「大切な人を亡くしたことによる悲嘆を、和らげていくための役割」ということになる。日本の仏教では、葬送の儀式は一回だけではなく、枕経、通夜、葬儀、初七日、四十九日と重ねていく。儀式を重ねることで遺族は故人の死を少しずつ受け入れ、悲嘆を和らげていくといわれている。葬儀には、こうした悲嘆の処理という役割もあるのである。

そして〈さまざまな感情の処理〉である。現代の人にはわかりにくいかもしれないが、科学的な考えが広まる前は、死がもたらす祟り(たた)への恐怖や、死は穢れ(けが)であるといった感情を持つことが一般的だった。そうした恐怖や不安を解消する社会心理的な役割が葬儀にはあるということだ。

実際の葬儀は、前述の五つの要素が複雑に絡みあっている。地域や宗教、民族などによっても、社会的な処理を重要視したり、霊の処理を重要視したりと、受け止め方は異なる。つまり「人はなぜ葬儀をするのか？」の答えは、五要素をすべて処理するためと言えるのだ。五つの役割がどんな強弱なのかは人それぞれなのであり、そのなかで宗教が担うのが〈霊の処理〉ということになる。

演劇のようなストーリー展開

葬儀に参列して「退屈だ」と思った経験のある人は案外多いのではないだろうか。もちろん「退屈だ」などと言うと不謹慎なので、あまり口にする人はいない。しかし、現実問題として、葬儀が行われている一時間ほどのあいだ、単調で何をやっているかわからない儀式をただただ眺めているのを「退屈だ」と感じるほうがむしろ自然だと思う。

しかし、である。実は流れがわかると、葬儀はおもしろい儀式なのである（「おもしろい」というのも不謹慎であるが……）。お葬式の流れは、あたかも演劇のようなストーリーになっている。一時間足らずのあいだに、とてもドラマティックな展開が詰め込まれているのだ。せっかくなので、どのようにドラマティックなのかについて触れてみたい。

葬儀の流れは宗派によって異なるが、ここでは浄土宗と曹洞宗の葬儀について触れる。

ちなみに浄土宗の葬儀は、序分（じょぶん）（仏さまをお迎えする部分）、正宗分（しょうじゅうぶん）（仏さまの教えをお聞きし、死者を送る部分）、流通分（るつうぶん）（感謝して、仏さまをお送りする部分）の三部構成になっている（この三つの構成を見るだけでも、葬儀がドラマのような展開をする儀式であることがわかるだろう）。

（以下、『仏教儀礼辞典』藤井正雄・編（東京堂出版）、『葬儀大事典』藤井正雄・監修（鎌倉新書）、『葬儀概論』碑文谷創・著（表現文化社）をもとに再構成）

葬儀というドラマ――浄土宗の場合

【序分】　仏さまをお迎えする

一、洪鐘　鐘を鳴らして、葬儀が始まることを知らせる。

二、法鼓　太鼓を鳴らして、葬儀の準備を始める。遺族や参列者はここで入堂する。

三、喚鐘　鐘を鳴らして、導師（僧侶）の入堂が始まる。

四、入堂　導師（僧侶）が入堂する。

五、香偈　お香を焚き、導師・遺族・参列者を浄める。

六、三宝礼　仏・法・僧に礼拝する。

七、奉請　葬儀会場に仏さまに来迎していただく。

八、懺悔偈　人間の貪り・怒り・愚かさを、仏さまに懺悔する。

【正宗分】　仏さまの教えをお聞きする

九、転座(てんざ)　本尊のほうを向いていた導師（僧侶）が、くるっと回って棺のほうへ向かう。

一〇、作梵(さぼん)　梵語(ぼんご)（古代インド語であるサンスクリット語）で、仏の四つの智恵を称える四智讃(しちさん)を唱える。

一一、合鈸(がっぱち)　鈸(はち)を鳴らす。

一二、鎖龕(さがん)　棺を閉める。

一三、起龕(きがん)　火葬場に向かうために棺を起こす儀式。

一四、奠茶(てんちゃ)　霊前にお茶を供える。

一五、霊供(りょうぐ)　霊前にご飯を供える。

一六、下炬(あこ)　二本の松明(たいまつ)（先が赤くなっている棒。火がついているわけではない）を持ち、一本は捨て、残りの一本で円を描いて、引導文を述べる。捨てるのは〝厭離穢土(おんりえど)（※）〟の意味、円を描くのは〝欣求浄土(ごんぐじょうど)（※）〟の意味。また、この下炬は、松明で棺に火をつけることを象徴している。

※厭離穢土（この穢れた現世を離れることを望む）
※欣求浄土（清らかな浄土に生まれることを望む）

一七、開経偈　これから教えを聞き、それを体得したいということを述べる。
一八、誦　経　お経を読み上げ、仏さまの教えを聞く。
一九、摂益文　念仏を唱えるものはみな念仏にまもられる、という偈を読む。
二〇、念仏一会　念仏で救われることを感謝し、数多く念仏を唱える。
二一、回　向　死者の霊に誦経して、念仏の功徳を届ける。
二二、総回向　念仏の功徳を一切のものに振り分け、往生を願う。

【流通分】　感謝して、仏さまをお送りする

二三、総願偈　仏の道をこれからも進むことを誓い、極楽往生を願う。
二四、三身礼　阿弥陀仏への帰依を誓う。
二五、送仏偈　仏さまをお送りする。

二六、退(たい)　堂(どう)　導師（僧侶）が退堂する。

要約すると次のようになる。

・鐘を鳴らし、お香を焚いたあと、「阿弥陀さま、この死者を迎えにいらしてください！」と仏さまをお迎えする。
・今度は、死者（棺）に向かって仏教の智恵を説き、「『南無阿弥陀仏』と唱えなさい。そうすれば、阿弥陀さまがまもってくれます」と教え諭し、棺の蓋を閉じる。
・死者にお茶とご飯をお供えし、松明で火をつける仕草をする（火葬を象徴的に行うということ）。松明は円を描いて、死者がこの世を離れ、浄土に向かうよう促す。
・繰り返し念仏を唱え、功徳を死者のために届け、死者が浄土に生まれることを願う。
・「阿弥陀さま、これからも阿弥陀さまに帰依します」と唱えて、仏さまをお送りして儀式が終わる。

葬儀というドラマ――曹洞宗の場合

続いて曹洞宗の葬儀である。

一、入堂　僧侶が入場する。

二、剃髪　死者の髪の毛に剃刀をあてて、剃髪を行う。
　（剃刀をあてるだけで、実際には剃らない。死者を出家させるということ）

三、授戒　仏弟子（僧侶）となるための戒（※）を死者に授け、仏弟子としての名前（戒名）をあたえ、お釈迦さまから続く教えの血脈（系譜）のなかに入ったことを示す。

※戒とは、仏弟子として守るべき戒めのこと。仏・法・僧に帰依することを誓う「三帰戒」や、仏の戒めを守り、よき行いに務め、世のために務める「三聚浄戒」、不殺生といった十種の守るべき戒めを示した「十重禁戒」など。

四、入棺諷経（にゅうかんふぎん）　死者を棺に入れるためのお経を唱える。（現代の葬儀ではすでに棺に入っているが、ここであらためて入棺諷経を行う）

五、龕前念誦（がんぜんねんじゅ）　棺の前で諸仏の名前を唱え、死者が悟りの道に向かうことを念じる。

六、挙龕念誦（こがんねんじゅ）　火葬場に向かうために棺を起こす儀式。チンドンシャンと鳴り物を鳴らす。

七、引導法語（いんどうほうご）　導師が悟りの境地を現す引導法語を読みあげ、松明で大きく円を右回り、左回りと二回描き、故人を悟りに導く。

八、山頭念誦（さんとうねんじゅ）　山頭とは葬儀場のこと。死者が悟りを得ることを祈願する。

九、散　堂（さんどう）　僧侶が退場する。

要約すると次のようになる。

・故人を僧侶にするため、髪を剃る仕草を行い、戒と戒名を授ける。

・「故人が悟りを得て、安らかな境地に至るようお導きください」と、さまざまな仏さまに祈念する。

・次いで、悟りの境地を現す引導法語を読みあげ、松明で大きく円を右回り、左回りと二回描き、故人を悟りに導く。

・故人を茶毘(だび)に付(ふ)し（火葬にする）、涅槃(ねはん)への道に向かわせることを宣言する。

仏さまを迎えるパートがあったり、故人を悟りに導くパートがあったり、髪を剃って出家させるパートがあったり、象徴的に火葬にするため火をつけるパートがあったりすることを、わかっていただけただろうか。

ちなみに曹洞宗では、故人に剃刀をあてて象徴的に剃髪し、戒をあたえて戒名を授与するという部分があったが、浄土宗にはない。浄土宗では、通夜の時点で戒をあたえているからである。

こうして見ると、通夜も含めた儀式全体が、あたかも演劇のようになっているところがわかるであろう。葬儀は、故人を無事あの世に送るための壮大なドラマでもあるのだ。参列者がこのストーリーを理解できれば、儀式に没入することができ、故人をあの世に送るドラマを象徴的に体験できるはずである。

ところが現実は、葬儀を退屈に感じている人は多い。本来、葬儀は退屈であるはずがない。故人を送る真剣な儀式であるし、これまで述べてきたように、葬儀自体が壮大なドラマになっているのだから。

退屈に感じるのは、ただ「わけもわからず」、座らされているからである。「わけも知らされず」と言ったほうがいいかもしれない。本当はドラマティックで、心を揺さぶられる儀式なのに、私たちは何も知らされず、ただただ終わるのを我慢して待っているだけなのだ。

野辺(のべ)送りの時代

「野辺送り」という言葉を聞いて、情景が浮かぶ人はどのくらいいるだろうか。まして野辺送りを経験したことのある人は、本当に少なくなった。

戦後まもない時代までは、遺族・親類と地域の人たちが棺とともに葬列をなして歩き、故人を送るというのが当たり前の風景だった。野辺とは埋葬地のことであり、みんなで墓地まで送るのが野辺送りである。

現代ではほとんど見ることができなくなり、葬儀のあと霊柩車が遺族とともに出発するのを見送る出棺に名残りをとどめるくらいである。

『「お葬式」の日本史』（新谷尚紀・著、青春出版社）によると、葬列は「最前列には松明や龍頭が位置し、鉦や太鼓、六道、灯籠・提灯、花、膳などをもった人たちがつづく。そのあとに位牌を携えた喪主、ついで棺、灯籠・提灯、そして一般会葬者がつらなる」「喪家を出発した野辺送りの葬列は、鉦や太鼓を打ち鳴らしながらゆっくり墓地に向かって歩を進める。鉦や太鼓に合わせて念仏を唱える地域もある」という。

自宅で僧侶がお経を読み、家族・親族が葬列を組んで墓地に向かい、墓地で遺体を埋葬するという一連の儀式全体が葬儀であり、すべてが終わるまでほぼ丸一日かかる。

現代は葬儀のなかで引導（死者が悟りを得られるよう法語を唱えること）を渡しているが、もともとは野辺送りで墓地まで行って、埋葬するときに引導を渡していた。現代は土葬ではないため、葬儀会場での儀式のなかで「迷わずあの世に行くように」と棺に火をつける手振りを行い、象徴的に火葬するところで引導を渡すことになっている。

野辺送りは、戦後にだんだんと行われなくなっていく。地域の結びつきが弱まっていったため、葬列を組むことが難しくなったのが理由のひとつである。お葬式の会場が自宅でなく、葬祭ホールになったことも大きい。

火葬が一般的になり、土葬をしなくなってきたことも、葬列を組む意味を希薄にした。土葬の場合は、葬儀後すぐに埋葬するため墓地へ向かわなければならないが、火葬の場合は葬儀当日に埋葬する必要はない。

実は、野辺送りが行われていた時代は、葬儀のメインイベントは葬列を組んで歩くことにあった。家族・親族がみんな一緒に故人とともに墓地へ向かい、近隣の人はそれを見送るという風景は、日本人の葬送の原風景だったのである。

戦前の新聞に出された葬儀の黒枠広告を見ると、自宅での儀式の開始時刻でなく、葬列の開始時刻が書かれている。つまり、自宅での儀式は親族とごく親しい人しか参加せず、あとはみんな葬列に向かって手を合わせていたということだ。

戦後に日本中で都市化が進むと、手間のかかる野辺送りが省略され、葬儀が会場で完結するという形態になっていく。これによって葬儀がだいぶ合理化され、遺族の負担は軽くなった。一方で、野辺送りの省略は、お葬式から大切なものを失わせるきっかけをつくった。失われたもののひとつが、葬送のドラマ性である。

葬儀の儀式そのものがドラマティックであることは前述したが、野辺送りの時代の葬儀と現代の葬儀を比べたら、オペラと寸劇くらいの差がある。儀式のつくりは、いちおうドラマティックなシナリオになっているのにもかかわらず、それが見えにくいものになってしまった。理解しているのは僧侶だけである。遺族と参列者は、いわば〝字幕のない洋画〟を見ているようなものだ。これでは参列者が満足できるわけがない。

もともと葬儀は自宅・道・お寺・墓地と場所を変えながら、だんだんとクライマックスに近づいていく儀式だった。自宅に親族が集まり、僧侶のもとでお経が読まれ、棺とともに家を出て、村人と一緒に葬列をなし、みんなに送られながら墓地へ向かう。墓地ではすでにほかの村人らが棺を埋める穴を掘っており、葬列を迎える。僧侶にお経を読んでもらいながら、棺を穴におろし、土をかける。

ところが、現代のように一カ所ですべてが終わるような葬儀になると、こうしたドラマティックさが失われ、どうしても単調な儀式になってしまう。僧侶も前を向いてずっと座っているままで、参列者も前を向いてずっと座っているままなのである。

また、野辺送りでは、葬列に歩く親族は、位牌を携える喪主、棺をかつぐ男衆、灯籠・提灯で道を照らす者、鉦や太鼓を鳴らす者といったぐあいに、それぞれに役目があった。親族と地域の人が一緒になって、自分たちの手で故人を送ったのである。

現代の葬儀では、遺族も参列者も残念ながら自分たちが送っているという実感は薄い。

導師たる僧侶に送ってもらっているという感覚だ。葬儀というドラマのなかにおいて、主要キャストであるはずの人たちを、ただの観客にしてしまっているのである。

現代社会においては、家族葬や一日葬が増えるなど〝葬送のあり方〟が激変しており、問題視されることが多い。しかし、そもそも私たちが標準的と思っている葬儀自体が、ひと昔前の葬儀をかなり省略してできあがったものなのである。残念なことに、参列者のことをあまり重視せずに省略してしまったため、葬式の意味をわかりにくくしたうえ、参列者をただの傍観者にしてしまった。

野辺送りがなくなった理由は、火葬の普及に加え、地域社会と家族制度の変質が大きい。葬送が省略の道をたどってきた理由も、地域社会と家族制度の変質である。葬送の省略は時代の必然であり、やむを得ない。しかし、もう少し気の利いた省略の仕方もあったのではないかと個人的には感じている。

【5】日本人はあの世をどう考えていたか

柳田国男が感じていた仏教と人々のズレ

日本人の死生観と仏教の教義とのあいだにズレがあることは前述したが、そもそも日本人の多くは、仏教の教えに帰依して仏教徒になったわけではない。むしろ仏教側が日本人の民間信仰的な死生観を取り込んで、日本人を仏教徒にしていったのである。

おそらく室町時代や江戸時代には、民間信仰的なものも、なんの疑問もなく仏教として受け入れられていたと思われる。当時の僧侶らは、何が本来の仏教かなどということには興味がなかったのだ。関心があるのは、どうすれば人々の不安を取りのぞいてあげることができるかということだった。そのためには教義にもとづくものなのかどうかは、どうでもよかったのである。

しかし、明治時代になって西欧文化が入ってくると、民間信仰的なものが〝前近代的〟で〝遅れた文化〟と考えられるようになっていく。仏教自体が近代化を図るようになり、教え中心の合理的な考え方に変化しはじめるのである。そうした流れのなかで、仏教は民間信仰的なものを無視しようとしはじめる。ところが、僧侶らの思いとは裏腹に、一般の人たちは相変わらず民間信仰的な死生観のなかで生活を続ける。それが現代まで続き、僧侶と一般の人たちとのあいだにズレを生じたままというのが現状なのだ。

日本の仏教徒は、教義的な死生観のなかには生きていないのである。日本人の死生観を考えるのに、仏教の教義をベースにするのはあまり意味がない。あくまでも当事者は信仰者である。死の当事者は故人であり、遺族である。

魂とあの世の問題も、教義にもとづいて論じるのはあまり意味がない。一度、仏教の教義を離れて、民俗学的な視点で考えることが必要だろう。

民俗学者の柳田国男は、太平洋戦争の終戦間際に『先祖の話』という著作を記している。そして「私がこの本の中で力を入れて説きたいと思うことの一つの点は」として、「日本人の死後の観念、すなわち霊は永久にこの国土のうちにとどまって、そう遠方には行ってしまわないという信仰が、おそらくは世の始めから、少なくとも今日(こんにち)まで、かなり根強くまだ持ち続けられているということである」と述べている。

柳田が原稿を書いたのは、敗戦の色が濃厚となってきた昭和二〇年（一九四五）四月から五月だという。一説によると、東京大空襲を契機に書くのを決心したということだ。日本にとって未曾有の危機に直面しているなかで、国民がこれから立ち直っていくためには、先祖を大切にするということを柱にしていかなくてはならないと考えたのではないかともいわれている。

柳田によると、日本人は死後の存在である霊や魂がこの世界にとどまって、案外近くにいると考えているのだという。一方、日本の仏教では、死後に人は浄土へ行くというのが多数派である。宗派によって微妙に考え方は異なるが、魂が近くにとどまっていると考えている宗派はない。

実は、柳田は〝仏教の教義と現実に生きている人の死生観とのズレ〟について、かなり手厳しい批判を繰り返している。

「死んで『ほとけ』などと呼ばれることを、迷惑に思ったものは昔から多いはずである。日本人の志としては、たとえ肉体は朽ちて跡なくなってしまおうとも、なおこの国土との縁は絶たず、毎年日を定めて子孫の家と行き通い、幼い者の段々に世に出て行く様子を見たいと思っていたろうに、最後は成仏であり、出て来るのは心得違いでもあるかのごとく、しきりに遠いところへ送り付けようとする態度を僧たちが示したのは、あまりにも一つの民族の感情に反した話だった。それだからまた言葉は何となっておろうとも、その趣旨はまだちっとも徹底していないのである」

故人は家族の近くで見守っていたいのに、仏教はそうすることは間違いだと言って、遠くに送ってしまおうとする。日本人の感覚にあわない話で、それゆえ「故人を浄土に送る」という考えは、いまだに人々に広まらないと柳田は考えているのだ。

「草葉の陰」という言葉がある。「草葉の陰から見守る」という使い方をすることが多いが、故人が草や葉っぱの陰から見守ってくれているという意味だ。これが転じて、「草葉の陰」という言葉が、お墓のことを指すようにもなった。死者が魂になって私たちが生活している周りにとどまり、草や葉っぱの陰に隠れて私たちを見守ってくれていると日本人は考えてきたのである。

「盆の場合でも同じことだが、一方に念仏供養の功徳によって、必ず極楽に行くということを請け合っておきながら、なお毎年毎年この世に戻って来て、棚経を読んでもらわぬと浮かばれぬように、思わせようとしたのは自信の無いことだった」

ここでも、かなり手厳しい指摘がなされている。必ず極楽に行くと言っているのに、その後の供養が必要なのは、仏教側に自信がないからではないかということだ。

「判りきったことだが、信仰は理論でない」「眼前我々と共に活きている人々が、最も多くかつ最も普通に、死後をいかに想像しまた感じつつあるのかというのが、知っておかねばならぬ事実」

柳田のスタンスは、あくまでも信仰者の視点である。信仰している当人が、死後の世界をどう考えているかということなのだ。

『古事記』と『万葉集』の時代

お経や祖師方の著作は、「こうあるべき」という考えが述べられたものがほとんどである。一方、文学は、その時代に生きている普通の人たちのリアルな感覚が語られていることが多い。ここではいくつかの古典を取りあげ、日本人があの世と魂についてどう考えていたのかについて考えてみたい。

まずは、『古事記』である。今さら説明はいらないと思うが、日本最古の歴史書であり、日本がどうやって生まれたかを記す物語であり、同時に神道における神典でもある。この『古事記』に登場する神々の多くは、実際に日本各地の神社に祭神として祀られている。

イザナギノ命とイザナミノ命は、『古事記』でも最初に登場する神々のなかの二柱であり、『古事記』に登場するほとんどの神々の先祖にあたる。この二柱の神々が黄泉国をめぐって、次のような物語を展開する。

この二柱の神はたくさんの神々を生むのだが、火の神を生んだときイザナミノ命が火傷を負い、それが原因で死んでしまう。そしてイザナギノ命が死んだあとに行ってしまった場所が、黄泉国である。

イザナギノ命は、死んでしまった妻にどうしても会いたくて黄泉国へ向かう。黄泉国に着くと、扉をはさんで妻のイザナミノ命と会うことができた。そして「戻ってきてくれないか」と妻に問うのである。

イザナミノ命は、「あなたが来るのが遅すぎました。すでに、この世界の穢れた食べ物を食べてしまいました。もう、そちらには戻れないのです。ただ、せっかく来てくれたのだから、こちらの神々に相談しますので、待っていてください。絶対にこの扉は開けないでください、私の姿を見ないでくださいね」と答える。

イザナギノ命は、妻の言葉を受けて待ち続けるが、あまりにも時間が長かったため、つい扉を開けてしまう。すると、そこには蛆がたかって膿まみれになった妻の身体があり、あちこちに雷の神がたかっていた。恐ろしくなったイザナギノ命が一目散に逃げ出すと、妻のイザナミノ命が「私の恥ずかしいところを、なぜ見たのです」と怒り、黄泉醜女に追いかけさせたのである。

イザナギノ命はなんとか逃げることができたが、今度は雷の神がイザナミノ命に命じられて追いかけてくる。どうにか雷の神からも逃げきったイザナギノ命は、黄泉国とこの世の境である黄泉比良坂に到着すると、大きな岩で入口をふさぐ。このときイザナミノ命本人がやってきて、入口をふさいだ岩を見ながら、こう言うのである。

「愛しいあなた。そんなひどいことをするなら、あなたの国の人が一日に一〇〇〇人ずつ死ぬようにしましょう」

イザナギノ命は、こう答える。

「お前がそんなことをするなら、私は一日に一五〇〇人が生まれるようにしよう」

こうして、この世界では毎日一〇〇〇人の人が死に、一五〇〇人の人が生まれるようになったのである。

これは〝あの世について語られている最古の物語〟と言ってもいいだろう。物語によると、あの世（黄泉国）はもともと歩いて行ける場所だったということだ。この世との連続性がある世界とも言える。そして、イザナギノ命が岩を置いて出入口をふさいだことは、その後は、そう簡単に行ったり来たりできないようにしたことを象徴している。

もうひとつ興味深いのは、あの世でも肉体があるということだ。イザナミノ命はあの世で肉体を腐らせており、イザナギノ命は生身のままあの世を訪れている。当時は、身体を持ったままあの世に行くと考えられていたのだろうか。

『古事記』が編纂（へんさん）されたのは和銅五年（七一二）であり、すでに仏教が日本に入っていた。ただ、『古事記』の編纂自体には仏教に対抗しようとする意図もあったと見られ、その内容に仏教の影響は少ない。つまり、仏教以前の〝あの世観〟を知ることのできる数少ない物語のひとつである。

ほぼ同時代に編纂された『万葉集』にも、あの世について触れている歌がある。

秋山の　黄葉を茂み　迷はせる　妹を求める　山道知らずも　　柿本人麻呂

「妻が亡くなり、秋の紅葉が繁る山に迷い入ってしまったが、探そうにも道がわからない」という歌意である。この歌によると、人が死んで行く場所は〝山の中〟ということになる。イザナギノ命とイザナミノ命の物語同様、人の世界と死者の行く場所の連続性を感じさせる歌である。当時の人々は、死者の世界がこの世と隔絶した世界ではなく、どこかでつながっているという感覚を持っていたのだろう。

稚ければ　道行き知らじ　幣はせむ　黄泉の使　負いて通らせ

布施置きて　吾は乞ひ禱む　欺かず　直に率行きて　天路知らしめ　　山上憶良

同じ山上憶良の歌で、『男子名は古日を恋ふる歌』の短歌である。二つの歌は、ほぼ同じ意である。「古日という名前の幼い子どもが亡くなったのだが、あの世への道がわからないだろうから、神仏に捧げ物をするので、導いてやって欲しい」という意である。

ただ、異なるのは、前の歌では捧げ物は〝幣〟で、行き先は〝黄泉〟である。一方、後の歌では捧げ物が〝布施〟で、行き先が〝天路〟である。〝神道の立場〟と〝仏教の立場〟から、同じ意味の歌があるのは興味深い。ここからは、当時の仏教と神道が、必ずしも「あれかこれか」の存在ではなかったことがわかる。おそらく必要に応じて仏教に頼ったり、神道に頼ったりする「あれもこれも」の存在だったのだと思われる。

行き先も〝黄泉〟と〝天路〟である。黄泉はどちらかと言うと「地下世界」であり、天路は文字どおり「天上」である。明らかに矛盾している。しかし、憶良のなかでは特に矛盾していたわけではない。おそらく黄泉にも行って、天路にも行くのである。

この感覚は現代でも同じで、ほとんどの日本人は、死者の魂は、あるときは「どこか近く」で、あるときは「あの世」から見守ってくれていると信じている。また、仏壇の前で手を合わせるときは「仏壇」に、お墓の前で手を合わせるときは「お墓」にいるとも思っている。よくよく考えると矛盾しているのだが、感覚的に疑問を持つことはない。

魂がいる場所は「あれもこれも」なのである。魂は、生きている私たちが「いる」と思ったところにいる。今も昔も、日本人はそう考えているのであろう。

ちなみに、ここに出てくる「布施」は、日本の文献に出てくる最初の「お布施」じゃないかと思う。

亡くなった子どもが、無事あの世に行けるように捧げ物をする。おそらくこのときのお布施はお金ではなく、食べ物や布といったものであろう（七〇八年に本格的な貨幣「和同開珎」が鋳造されてはいるが……）。それでも、仏さまにお願いするのに、手ぶらというわけにいかないというわけだ。

憶良と古日が、どのような関係だったのかはわからない。ただ、亡くなった大切な人がどこへ行っても無事でいて欲しいと思う気持ちは、一〇〇〇年前の昔でも変わらないのだとしみじみ思う。

【6】信仰の構造――教えと祈り

仏教は葬送や祈願を語らない

仏教とは、教科書的には「紀元前約七世紀ごろインドに生まれたお釈迦さまが説いた教えをもとにした宗教である。日本には六世紀ごろに伝わり、平安時代の最澄（さいちょう）・空海（くうかい）、鎌倉時代の法然・親鸞・道元・日蓮ら祖師方によって、さらに教えを発展させた」ということになっているが、仏教国である日本でお釈迦さまや祖師方の説いた教えに帰依している人はどのくらいいるのだろう。

日本の仏教徒は、文化庁の統計によると約八三二四万人である（『宗教年鑑』令和四年版）。日本の人口は約一億二四五四万人（令和五年八月）なので、日本人の約六七％が仏教徒ということになる。

日本消費者協会の調査によると、八九・四％の人が仏式で葬儀をあげているのも現実であり（『「葬儀についてのアンケート調査」報告書』令和四年三月／一般財団法人日本消費者協会）、観光や初詣でのお参り、お寺での厄祓（やくばら）いや交通安全などの祈願も、当たり前のように生活のなかに入り込んでいる。

ただ、おそらくお釈迦さまや祖師方の教えに帰依している人は、そのうち一％にも満たないのではないだろうか。そもそも、教えの内容がどんなものなのかを知っている人すら、少ないのが現実である。

それに対して、葬送や祈願を仏教と見なさない人も多い。なぜなら、お釈迦さまも祖師方も、葬送や祈願について何も語っていないからだ。仏教は、お釈迦さまや祖師方が説いた教えであり、葬送や祈願は本来の仏教にはないものという解釈である。

書店に行くとたくさんの仏教書が並んでいるが、お釈迦さまや祖師方の教えに関する本が大半で、葬送や祈願について書かれているものはほとんどない。高校の日本史・世界史・倫理などの教科で仏教について学ぶとき、やはりお釈迦さまや祖師方については解説されているが、葬送や祈願についてはまったく触れられていない。

日本の宗派の多くは大学を経営しており、仏教学部など僧侶育成に関わる学部が存在している。しかし驚くべきことに、そこでも葬送や祈願について学ぶ講義はほとんどない。

現実の仏教は〝活動の九割以上が葬送〟である。にもかかわらず、仏教書や教科書においては〝葬送はあたかも存在しないかのごとく〟というのが現状なのだ。

教えと祈りの二重構造

仏教は極めて知的な宗教である。仏教のことを「宗教じゃなくて哲学だ」と言う人もいるくらいである。

日本で仏教を語る人のほとんどは知識人である。もちろん仏教書を書くのも、教科書を編纂するのも知識人である。そうした人たちの語りのなかでは、葬送や祈願などは仏教ではない。

私は、このような日本における仏教理解は、あまりにもエスタブリッシュメント的な発想だと思っている。教えは確かにすばらしいが、現実の仏教の姿を見て欲しい。教えによる布教はほとんど広がっていないのが現状なのだから。

一般生活者にとって、仏教とは〝葬送〟であり〝祈願〟である。葬送を通して「あの世での安らぎ」を祈り、祈願を通して「この世での安らぎを祈る」のが、現実の仏教である。

もちろん、教えが不要と言っているのではない。葬送や祈願という実践の根底にあるのが教えという理論なのだ。

教えと祈りは、理論と実践という構造をなしている。人々の救いをめざす教えが基本にあるからこそ、仏教は葬送や祈願で人々を救おうとするのである。信仰は教えだけで成り立っているわけではない。祈りという要素が加わることで、合理性を超えたものが生まれ、信仰になっていく。

現代の仏教は、教えを中心に語られ過ぎていると思う。教えを語っても、現実の仏教とのあいだに整合性がとれない。まるで目の前の仏教とはまったく異なる、どこか別の世界の宗教の話を聞いているようだ。

だからこそ、教えと祈りという二重構造を理解し、祈りの価値を再認識することが大切なのだ。二重構造がわからなければ、日本の仏教のことは決して理解することはできないのである。

第2章

葬式仏教という宗教

【1】葬式仏教は仏教を堕落させた犯人なのか？

葬式仏教犯人説の検証

〝葬式仏教〟という言葉を知っているだろうか？ 活動の中心が〝死者の弔い〟となっている日本特有の仏教のことをいう。

葬式仏教という言葉には、仏教のあり方を揶揄するニュアンスが含まれていることが多い。「葬式ばかりやっていて、教えを説かない仏教」「葬式で金儲けばかりしている仏教」というニュアンスである。

現代の仏教に対して、不満を持つ人は多い。特に「お布施」「戒名」「檀家制度」については、社会とのあいだに大きなズレを生じており、常に批判の対象となっている。そしてその批判のほとんどが葬式仏教に関わるものである。

そのため、よく耳にするのが「日本の仏教は、葬式仏教になって堕落した」という話だ。たとえば、宗教評論家のひろさちや氏は次のように語っている。

「仏教の習俗化の最たるものは葬式仏教である。すでに何度も繰り返したが、葬式なんてものは習俗である。この世の慣習だ。仏教が葬式をやるからといって、仏教が盛んになったわけではない。むしろ仏教の堕落だ」(『仏教の歴史一〇 来世と現世の願い――室町から江戸へ』春秋社)

手厳しい批判である。

一方で、仏教での葬式を望む人はいまだ多数派である。日本消費者協会の調査によると、日本国内では葬式の八九・四%が仏式で行われている(75ページ参照)。

このなかには菩提寺、すなわち檀家として所属するお寺を持っていない人も多い。特に都市部では、半数以上が菩提寺を持っていないといわれている。檀家になっていると、菩提寺に葬式を依頼しなければならないが、菩提寺のない人はお寺に頼まなければならないしがらみは何もない。それなのに、わざわざ葬儀社にお寺を紹介してもらって、仏式で葬式を行う人が多い。

「そういうものだから」と惰性でお寺に依頼する人もいるだろうが、お経を読んでもらうためには、それなりのお金が必要だ。にもかかわらず、わざわざ僧侶にお願いするのは、やはりお経を読んでもらって、家族を無事あの世に送りたいという気持ちが強いのだと思う。

もし自分の家の菩提寺が「葬式仏教はやめる」と言い出したら、檀家のほとんどは困ってしまうし、なかには怒り出す人もいるに違いない。

ところが、もし日本中のお寺が教えを説かなくなっても、困る人はあまりいないし、さほど大きな批判をあびることはないだろう。

仏教が教えを説くことは大切ではあるが、そこに期待をしている日本人は少ない。仏教に期待しているのは、何よりも弔いであるということだ。見方によっては、葬式仏教は日本で最も求められている宗教だとも言える。

それでも「葬式仏教が仏教を堕落させた犯人だ」と考える人は多い。なぜ、そう考えられているのだろうか。

仏教の制度疲労

葬式仏教の問題点としてあげられるものには、お布施・戒名・檀家制度などがある。お布施の問題は「僧侶が金額を言ってくれない」「高額のお布施を強要された」といったもの、戒名の問題は「お布施の金額で戒名のランクが変わる」といったもの、檀家制度の問題は「お寺との関係性が不平等である」「一方的で強制的なものが多い」「檀家を簡単には辞めることができない」といったものだ。

たしかに、葬式仏教に関わる内容ばかりである。葬式仏教犯人説は、これらの問題がベースになっている。

しかし、仏教が葬式をやっていること自体が問題なわけではない。あくまでも仏教と社会が関わる仕組み、つまり社会制度の問題と言ってもいい。仏教がきちんとしたお布施や檀家制度の仕組みを提供できていないということである。

たとえばお布施は、お寺や僧侶に対してお金を納めるための仕組みである。もともとお布施は、地域社会がある程度の基準を暗黙のうちに定め、それにもとづいて個々が金額を決めてお寺に納めていた。僧侶は「お布施はお気持ちでけっこうです」と言うが、現実は地域のバランス、個々の家の事情、お寺への配慮などを総合して、地域がお布施の金額を決めていたのである。

戦後何十年かのあいだに地域社会が変質するなかで、こうした〝地域知〟が働かなくなってきた。〝地域知〟による調整機能が効かなくなっているのに、誰も補おうとしない。そんな状況で、「お布施はお気持ちでけっこうです」と言われても途方に暮れてしまう。以前はスムーズだったお布施の仕組みがうまくいかなくなっているのは、ここに理由があるのだ。

戒名や檀家制度も同様である。仕組みがうまく機能していた時代もあったが、現代では社会とのズレが広がり、さまざまなストレスを生むようになってきた。

お布施や檀家制度は、常に時代にあわせて変化してきた仕組みであるが、現在の仕組みは高度経済成長期前後の時代から変化していない。それから数十年たって日本の社会が大きく変わったにもかかわらず、仏教界は仕組みを変えようとしなかった。当時と現在とでは、社会はかなり変化している。社会が変質すれば、やはり仕組みも変えていかなくてはならない。その責任は仏教界にある。

それをやろうとしないから社会とのあいだにズレが広がってしまうのである。そして仏教自身が一般の人たちにストレスをあたえる存在になってしまったのだ。仏教界は薄々気づいているのだが、何も対処せずに放置しているとも言える。

お布施・戒名・檀家制度のあり方は、変えてはいけない普遍的なものではない。仏教が社会と関わるなかで生まれたものなので、社会とのズレが生じるようになったのならば、修正して変えていけばいい。いや、むしろ変えていくべきである。

葬送が仏教を民衆に広めた

仏教は六世紀ごろ、百済（朝鮮半島の南西部にあった国）の聖明王の使いによって仏像や教典とともに日本に伝えられた。そして最澄や空海が活躍した平安時代、法然・親鸞・道元・日蓮らが活躍した鎌倉時代に大きく発展したと考えられている。

しかし、実際に庶民に仏教が広まったのは、もう少しあとの時代だ。

現在の日本には約七万五〇〇〇のお寺がある。その九割近くが、室町時代の後半、応仁の乱以降から江戸時代の初めまでの約二〇〇年のあいだに建立されている。特に地方の農村・山村・漁村にある小規模寺院は、ほぼすべてこの時代のものといっても過言ではない。

たった二〇〇年のあいだに、お寺は少なめに見積もっても五倍以上になり、数でいえば約六万のお寺が増えた。しかも、この時期に建立されたお寺は、村の寺であり、街の寺であり、庶民の寺である。立派な伽藍があるわけでもなく、立派な仏像があるわけでもない、ごく普通のお寺である。

なぜ、お寺が増えたのだろうか。それは、当時の社会に惣村(そうそん)が生まれたことが大きい。惣村とは自治をもった村のことで、荘園制度が崩れて人々が自分たちで地域社会をつくっていこうとして生まれたといわれる。惣村は水利配分、道路の設置、境界紛争の解決などを行うようになり、祭祀にも関わるようになった。ただそれまでの庶民には、お寺を建立する経済力はなかった。お寺は武士や貴族などの権力者にしか建立することができなかったのだ。しかし惣村が生まれることによって、庶民でも村で暮らす何十軒という家がお金を出しあえば建立できるようになる。

ただし、それまでの仏教が、葬送に対してあまり積極的でなかったのも事実である。中央の貴族や武士、あるいは地方の有力者に、教えを説いたり、祈禱(きとう)をしたりというのが活動の中心だった。死は穢れなので、僧侶は関わるべきでないという考えがあったほどだ。

ところが室町時代の後半以降から、僧侶たちは「死んでもあの世での安心が得られる」と説き、死者の葬送を行うようになる。仏教が庶民の葬送に関わるようになっていくのだ。

葬式仏教はこうして誕生したのである。

それまで死は恐怖の対象でしかなかったが、僧侶が説く浄土は、死後に行くことのできるすばらしい場所である。応仁の乱から戦国時代にかけての社会不安の時代に、一般の人たちが浄土という考え方に魅力を感じたのは想像に難(かた)くない。

惣村が生まれ、仏教が葬送に関わるようになる。二つが同時に起きたことで、ニーズが高まり、仏教は一気に広まったのである。室町時代の後半に急速にお寺が増えたのは、そこに理由がある。

つまり日本の仏教は、葬式仏教として広がったのである。当時の僧侶らが、死の不安に寄り添ったからこそ、葬式仏教が生まれたのだ。

死者と生者がお互いを思いやる世界観

葬式仏教とは、葬送つまり死者供養を活動の中心とした仏教である。

その教えは、生きている者が供養することで、死者を安らかにすることができるというものだ。そして、あの世で暮らしている死者も、この世の私たちを見守り、私たちの幸せを祈ってくれるとも信じられている。その教えがベースとなって、葬儀や法事を行い、仏壇やお墓へのお参りを行い、日々、死者と語りあうというのが葬式仏教である。

私たち日本人の宗教的情操は、教義的な仏教よりも、葬式仏教に大きな影響を受けている。死者とつながる信仰から、私たちは心の安らぎを得るとともに、たくさんのことを学んできた。

仏壇に向かって亡くなった家族と対話するときの安らぎ。いただきものはまず仏壇に供えようとする謙虚な気持ち。成績表を供えることで、祖父母や先祖に見守られていると感じるようになる子どもたち。法事で親類が集まって、一族の絆を感じる瞬間。故人を想いながらお墓の前で手を合わせるときの追憶と感謝。通夜や葬式で、故人のあの世での安らぎを祈りながら、たくさんの友人・知人と悲しみを共有すること。

もちろん、どれも仏教の教義にはないものだ。

それでも葬式仏教は、死者への優しさに満ちた、とても美しい信仰だと思う。死者と生者がお互いに思いやる世界のなかに私たちは生きている。そして普通の日本人にとっては、これこそが仏教なのだ。

日本人は何百年ものあいだ死者を想い、死者とともに生活してきた。そして現代のように科学合理主義が支配する社会になっても、故人をあの世に送りとどけるために葬式が行われ続けている。葬式仏教は日本人にとって、とても大切な財産であることを忘れてはならないと思う。

【2】僧侶が弔いに関わってはいけない時代

ある僧侶の話――母を亡くした娘と僧侶

鎌倉時代初期に活躍した鴨長明（かものちょうめい）という僧侶がいる。随筆『方丈記（ほうじょうき）』を書いたことで有名だが、当時広まっていた仏教説話を集めて『発心集（ほっしんしゅう）』という説話集も編纂している。そのなかに、次のような話が収録されている。

あるとき京都に住む僧侶が、思うところがあって、坂本にある日吉神社に百日詣をしようと決心した。八〇日目を過ぎて何日目かのことである。お参りから帰る途中、家の前で人目をはばかることなく泣いている娘と出会った。僧侶は放っておけず、「何がそんなに悲しいのだ」と声をかけた。

ところが、娘は僧侶を見て「見たところ、お坊さんは精進潔斎してお参りをしているようです。そのような方には、ご迷惑ですからお話できません」と言うのである。僧侶は、娘の言葉から何があったのかなんとなく察したが、放っておけず、何度も問いただすと、ようやく娘は身の上を話しはじめた。

「実は、私の母はずっと具合が悪かったのですが、今朝、看病の甲斐なくついに亡くなってしまいました。つらい別れです。受け入れなくてはならないことです。ただ、母をこれから弔わなければなりません。私は独り者なので、頼る人もありません。女ひとりではどうにもなりません。村の人は『かわいそうに』と言ってくれますが、神社に仕える村ですから、死の穢れのことを考えると、頼るわけにはいきません。それで、どうしたらいいか困っているのです」

娘の話を聞いて僧侶は、「本当に困っているのだな」と切なくなり、ともに涙を流したのである。そして「神さまも私たち衆生（しょうじゅう）を救うために、この穢れに満ちた世界に存在をお示しくださったのだ。私も娘の話を聞いて、どうして放っておけようか。これまで、こんなになんとかしてあげたいという気持ちをもったことはない。仏さま、よくご覧になってください。神さま、百日詣での途中ですが、ここで穢れに触れることをお許しください」と考えた。

そして、「そんなに悲しむでない。とにかく亡骸(なきがら)を埋葬しよう。ここに立っていると怪しまれるから、とりあえず中へ」と、亡骸が安置された家に入ろうとすると、娘は涙を流してよろこんだ。僧侶は日が暮れてから、闇夜にまぎれて亡骸を移し、懇ろ(ねんご)に弔った。

その夜、僧侶は寝つくことができなかった。そして、「ああ、死の穢れに触れてしまい、八〇日以上お参りした功徳を無駄にしてしまった。つくづく残念だ。でも百日詣はご利益のためだけに始めたのではない。このあとお参りに行って、日吉の神さまが衆生を救おうとお誓いになったお気持ちに触れてこよう。穢れに触れてはいけないというのは、形式的なものであるのだから」と考え、明け方に水を浴びて潔斎し、日吉神社に向かった。ただ道すがら、やっぱり穢れに触れたことが気になり、恐ろしさも感じはじめた。

社に着くと、二ノ宮のあたりに人がたくさん集まっていた。よく見ると、巫(かんなぎ)に神さまが降りて何かを語っているところだった。僧侶は、自身が穢れに触れてしまったことを負い目に思っていたので、巫に近づかず、形ばかりのお参りをして帰ろうとしたところ、巫が遠くから「そこにいる僧よ」と声をかけてきた。僧侶はとても恐ろしかったが、逃げることもできず、わなわな震えて巫のもとに出ると、まわりの人たちも怪訝(けげん)な顔をして見守った。

巫が声をあげて「あなたのしたことは、はっきりと見たぞ」と語りかけると、僧侶は恐怖で身の毛がよだち、生きた心地がしなかった。さらに巫は続ける。「恐れることはない。感心なことだ。私はもともと神ではなく、地蔵菩薩である。衆生への哀れみから、方便で神に姿を変えて日本に現れたのだ。穢れを避けるのも、信心を深めるための方便である。ただ、このことを他人に語ってはならない。愚かな人間は、おまえが哀れみの気持ちから禁を破ったことを知らないで、簡単に戒めを破ってしまうだろう。これを先例にしてしまうと、信心を乱してしまう。物事の善悪は、人によって異なるのだ」と。

僧侶はこれを聞いて、ありがたく、畏(おそ)れ多く感じて、涙を流して社を離れていった。その後、僧侶には何かにつけて神仏のご利益であろうことが多かったという。

勇気を振り絞って死に関わる

この『発心集』の話からは、鎌倉時代に死の穢れが、いかに怖れられていたかがよくわかる。特に国に認められた正式な僧侶（官僧）は、死の穢れに触れた場合、三〇日間の精進潔斎をしなければならなかったうえ、穢れがほかの人に感染(うつ)らないように家のなかに籠(こ)もっていなければならなかった。

『発心集』に出てくる僧侶は、穢れを避けなければならない身であるにもかかわらず、親を亡くした娘を哀れだと思って亡骸を弔った。しかも僧侶自身は、神社にお参りをする際、弔いの行為に対する神の怒りを怖れている。現代人の感覚では、単純に「親切な、いい人だ」ということになるが、当時の人にとってはそう単純ではなかったはずである。死の穢れに触れるのは畏怖(いふ)であると同時に、ほかの人に迷惑をかけかねない咎(とが)められるべき行為でもあったからだ。

僧侶が弔いに関わろうと決心するまでには、そうとうな葛藤があったはずである。社会的な掟(おきて)と慈悲の心のあいだで、気持ちは揺れ動いたに違いない。それでも僧侶は、娘の母親を弔おうと決心した。

これが、葬式仏教の誕生であろう。おそらく、たくさんの名もなき僧侶たちが同じような場面に出くわし、同じような決心をした。人を救いたいという気持ち、そして慈悲の気持ちが、弔いの行為を生んだに違いない。

鎌倉時代に法然・親鸞・道元・日蓮などの祖師方が、人を救うための教えを説いた。そしてその弟子たちが、教えを広めようと布教活動を続けてきた。

僧侶が葬式に関わることについて、祖師方は何も言っていない。しかし、祖師方が説いた教えは、人を救うためのものである。人を救いたいという思いが、年月をかけて何代も伝わり、葬式仏教を生んだのである。

【3】教義では説明できないお盆という行事

お盆の風景

お盆は、亡くなった家族（先祖）の霊がこの世に戻ってきて、私たちと一緒に暮らす行事だと理解されている。現代でも、お盆の入りの八月一三日になると、家々の玄関先で迎え火を焚いて死者の霊を迎える風景を見かける。私は東京に住んでいるが、今でもこの時期（東京のお盆は七月）に道を歩いていると、迎え火を焚く家がある。麻がら（麻の茎を乾燥させたもの）の燃える香りは、マンション住まいの私にも「ああ、今年もお盆の季節が来たんだな」と感じさせてくれる。

お盆が近くなると、スーパーや花屋の店先に、送り火や迎え火を焚く麻がら、盆棚をしつらえるためのゴザ（敷きもの）、お供え物をのせるための蓮の葉などが並ぶのも、お盆の習慣が根強く残っていることを示している。

お盆休みには実家に帰って、家族や親族と一緒に、亡くなった家族と時間をともにしたいと考えている人も多い。現代でも、日本人にとってお盆はとても大切な行事なのである。

仏教ではお盆をどう考えるか

お盆は亡くなった家族の霊を自宅に迎え入れ、数日のあいだ一緒に過ごし、再びあの世へ送る行事である。ところが仏教では、お盆の位置づけが実に曖昧である。

『盂蘭盆経（うらぼんきょう）』というお経では、次のような物語が語られている。

お釈迦さまの弟子である目連（もくれん）さんは、神通力（不思議な力）を持っていた。あるとき目連さんが亡くなった母親を思い出し、どうしているか気になって神通力で探したところ、餓鬼道（地獄のようなところ）に落ちて飢えに苦しんでいる姿を見つけた。なんとか助けたいと思った目連さんは、神通力で食べ物を送るが、母親が口にしようとすると食べ物がすぐに燃えてしまい、いつまでたっても食べることができなかった。

途方に暮れた目連さんは、お釈迦さまに相談する。すると、お釈迦さまは「修行をしている僧侶らにお供えをすれば、その功徳によって母親を救うことができる」と説く。目連さんはお釈迦さまの言葉にしたがい僧侶らに供物を献じたところ、その功徳によって母親が無事に食べ物を口にすることができ、飢えから救われたのである。

お盆は『盂蘭盆経』の物語がもとになって始まった行事で、餓鬼道に落ちた家族を救うため、お供えをするようになったという。お盆法要のときの法話で、この物語を聞いたことがある人は多いと思う。お寺の檀家になっている人であれば、一度くらいは聞いているはずだ。ところがこの物語は、聞いていて据わりの悪さを感じてしまう。亡くなった家族が餓鬼道に落ちていることを前提にしているからである。餓鬼道に落ちていないのであれば、そもそもお盆の供養は必要ない。大切な故人が餓鬼道に落ちているという設定なのが、なんとも釈然としないのだ。

そもそも、お盆が来たときにこの物語を思い出す人は少ない。毎年、お寺で聞いていても、一年たつと忘れてしまうのが現実だ。一般の日本人にとってのお盆は、お経が語る物語とは異なる〝この世に戻ってきた死者と触れあう期間〟だからである。

一方、〝お盆はこの世に戻ってきた死者と触れあう期間〟という考えは、仏教の教義には存在しない。宗派によっては、死者の霊魂の存在そのものを否定しているところもある。死者の霊魂が存在しなければ、お盆に戻ってくる死者も存在しないことになる。

『盂蘭盆経』は中国でつくられたお経であり、偽経（ぎきょう）という位置づけがされている。仏教界でも、正式なお経ではないと考える人は多い。

そうなると、お盆の教義的な裏づけそのものがなくなってしまう。理屈のうえでは、お盆は実に仏教と相性の悪い行事なのだ。しかし、現実には何百年にもわたって、お盆は仏教の行事として親しまれている。日本仏教の最大の行事といっても過言ではないだろう。

これを成立させているのは、伝統的でエスタブリッシュな仏教の背後にある〝もうひとつの仏教〟の存在であろう。見えない宗教だが、むしろこちらの信仰のほうが多くの人たちに親しまれている。それこそが葬式仏教なのである。

見えない宗教

日本の仏教徒は曹洞宗や浄土宗など教えの異なる「宗派」に属しているが、実際にその教えを信じている人はほとんどいないのが現実である。自分の属す宗派の教えを信じていないのであれば、いったい何を信じているのだろうか。

日本の仏教徒が信仰しているのは、葬式仏教である。その信仰の中身は「亡くなった家族を供養することで、あの世で安らかで過ごしてもらうことができる」「亡くなった家族が、あの世から私たちを見守ってくれる」というシンプルなものだ。

この教えは、教義的な仏教には存在しない。そのため葬式仏教は、〝堕落した仏教〟ととらえられがちである。また葬式仏教という宗教は、カタチとしては存在していない。本山もお寺も教団もないし、お経もない。もちろん宗教法人もない。それでも信仰としては、圧倒的多数派である。宗派の教えを信仰している人よりも、祈りを通じて死者と語りあうことを信じている人のほうが多い。

組織化された宗教としては存在していないが、信仰としてのみ存在している。まさに「見えない宗教」と言えるだろう。

葬式仏教は語るに値しない？

日本の仏教では、教えの存在感が薄い。仏教はお釈迦さまや親鸞・道元といった宗祖の教えで語られがちであるが、そうした教えはほとんど浸透していないのが現状だ。

一方、書物や教科書で語られる仏教は、いつもお釈迦さまや宗祖たちが中心である。そのため葬式仏教が語る死者への祈りは、語るに値しないものとして切り捨てられてきた。仏教は知的で高邁（こうまい）な教えであり、そんな程度の低い信仰であるはずはないと。ただ、それは一部の知識人によって語られるエスタブリッシュな仏教の一面にしか過ぎない。現実の仏教は、もっとシンプルでわかりやすい信仰である。

日本の仏教には宗派があり、本山があり、たくさんの信者（檀家、門徒）がいる。そして実際にそれらを支えているのは、宗派の教えではなく、「見えない宗教」としての葬式仏教の信仰である。日本の仏教の信仰を考えるうえで、葬式仏教の存在を無視することはできない。お釈迦さまや宗祖たちの教えをいくら語っても、一般生活者の信仰は何も見えてこないからである。

現代の仏教には、さまざまな矛盾が存在している。特にお布施・戒名・檀家制度などにおいては、仏教と一般生活者のあいだに大きなズレが生じている。現代において、仏教の存在感は絶望的なほどなくなりつつある。

それは、葬式仏教的なものを無理矢理エスタブリッシュな仏教の枠組みに入れようとする姿勢にも問題があるのではないだろうか。知的であろうとするあまり、純粋であろうとするあまり、一般の人たちの気持ちが見えなくなってきていることに原因はないだろうか。仏教の未来のためにも、死者への祈りを大切にする葬式仏教を再評価することが必要ではないかと思う。

日本人が無宗教だと考えられている理由

日本人は「自分は無宗教だ」と考える人が多い。前述した読売新聞の「年間連続調査・日本人」によると、「あなたは何か宗教を信じていますか?」という設問に対して、「信じている」と答えたのが二六・一%、「信じていない」と答えたのが七一・九%となっている。七割以上の人が、宗教を信じていないと答えているということだ。

一方、葬儀は約九割が仏教で行われている。宗教を「信じていない」と答えた人も、大部分が仏教で葬儀を行っているということになる。

この数字のアンバランスさは、「宗教」という言葉の受け止め方にもある。現代の日本では、宗教は教えにもとづくものと考えられている。そのため葬儀などの儀礼は、宗教とは受けとめない人が多いのである。お墓参りをしたことで、お盆の行事をしたことで、仏壇に手を合わせたことで、「自分は仏教を信じています」と語る人はいないだろう。日本では教えを信じていない限り、宗教を信じていると堂々と語る人はいないのである。

そもそも宗教という言葉は、日本語にはなかった。明治時代初期にドイツ語の訳語として生まれている。当然ながら、ドイツ語が指す宗教はキリスト教を前提としている。

新たに入ってきたキリスト教と比べると、当時の知識人たちにとっては、日本で信仰されている仏教が前時代的なものに見えたのである。欧米のキリスト教徒がきちんと教えを理解し、それを生活のなかで実践しているのに対し、日本の仏教徒は教義をほとんど知らず、死者への祈りと現世利益の祈りばかりに明け暮れているように見えたのだ。

宗教という訳語は、そんな時代背景のなかで生まれたのである。

しかし、実際はキリスト教も決して合理的で近代的なところばかりではない。たとえば、カトリックの国では聖母マリアを信仰する人は多いが、それはキリスト教の教義にはない信仰であり、キリスト教以前の地母神信仰の名残が見られるといわれている。キリスト教も、伝播した国々で、それぞれさまざまな民間信仰の影響を受けているのである。

ただ、明治時代初期に来日した欧米人は知識人階級が多く、民間信仰について語ることはなかった。当然、宣教師が民間信仰について語ることもない。渡欧した日本人も文化を学ぶことが目的であり、民間信仰には興味がなかった。当時の日本人は、欧米における民衆レベルのキリスト教徒がどんな信仰を持っていたのかを知るよしもなかったのである。宗教という言葉を日本語に翻訳する過程で、そうしたキリスト教の教義にはない素朴な祈りが剝ぎ取られてしまったのだ。

仏壇に手を合わせ、お墓参りに行き、お盆に先祖を迎える行為を理由に、自分が宗教を信じていると語る日本人はいない。しかし、こうした行為は極めて宗教的であることを再認識すべきではないだろうか。

【4】死者との対話がもたらすもの

日本の仏教徒は何を信じているのか？

日本には約八三〇〇万人の仏教徒がいる（『宗教年鑑』令和四年版／文化庁編）。しかし、多くの仏教徒は、仏教の教えについて何も知らない。日常的に行うのは葬儀、法事、お墓参り、仏壇への合掌くらいである。まして、教えを学ぼうと考える人などほとんどいない。

こうした現実を見て、「日本の仏教徒はいい加減だ」「この人たちは仏教徒ですらない」と断ずる識者は多い。「葬式仏教は仏教の堕落だ」とまで言う人もいる。

信仰に優劣などあるはずはない。たとえ教えを知らなくても、神仏や死者に手を合わせる行為は尊いはずである。しかし、仏教をめぐるこれまでの言説においては、〝仏教は教えが基本〟とされ、死者供養や祈禱などは仏教として扱われることすらまれであった。「語るに値しない」と考えられていた節すらある。

日本人の死生観も、仏教の教えや仏教思想にもとづいて語られることが多い。「本来の仏教では、こうした死生観を持っているのですよ」と。それに対して、日本の仏教徒のほとんどは「本来の仏教」など知らないし、当然「本来の仏教の死生観」とは異なる「素朴な死生観」しか持っていない。宗教者や知識人のなかには、この現実に対して「現代人は死生観が貧困だ」と語る人さえいる。

私は、そうした考え方は間違いだと思う。素朴で感覚的な信仰のなかにこそ、豊かな宗教世界は存在している。なにより日本の仏教徒に最も親しまれてきた信仰は、死者供養である。教えにもとづく信仰を持っている人は、今も昔も少数派に過ぎない。仏教の教えをもとに日本人の死生観を語るのには無理があるのだ。

亡くなった故人が私たちを見守ってくれるという信仰

供養は「生者が死者の安らぎを祈る」という一方通行ではなく、「死者からも生者の安らぎを祈る」という信仰を含んでいる。「亡くなった家族が、私たちを見守ってくれる」という信仰である。仏壇やお墓で手を合わせるとき、「お父さん、お母さん、私たちを見守ってくださいね」と祈る人は多いだろう。私たち生者が死者の安らぎを祈り、死者が私たち生者の安らぎを祈る。生者と死者の祈りが双方向に絡みあっていく。

もうひとつ、人は「大切な人があの世で苦しんでいないか」と心配になるものだが、それは自分自身の死に直面しても同様である。自分自身もいつかは死を迎える。当然のことながら、他人の死以上に自分の死は不安である。自分という存在がなくなってしまうのではないか、あるいは死んだら苦しい思いをするんじゃないかと。ところが、供養という信仰は、自分が死んでも誰かが供養してくれることを想定している。自分の供養で先に死んだ人の安らぎを実現できるのなら、自分自身も誰かに供養してもらえさえすれば、死後の安らぎを保証されるということなのだ。

供養という信仰は、死に向きあわざるを得ない私たちの不安をも和らげてくれる。もちろん、これは供養をしてくれる人がいることが前提である。少子化が進む現代では、この保証も危ういのは確かだ。永代供養墓のような、子どもがいなくてもお寺が死後の供養をしてくれるお墓を選ぶ人が増えているのは、ここにも理由があるのだろう。

死者との対話がもたらすもの

仏教は供養を通して、死の不安に寄り添い続けてきた。たしかに、教えが中心でない仏教は、お釈迦さまの仏教とは異なる。しかし、供養は人々にとって、あるいは社会にとって必要な存在だった。このことはもっと評価されていいと思う。

供養という信仰は死者の安らぎを祈る信仰であり、死者が生きている私たちの安らぎを祈ってくれる信仰である。この信仰の根幹には、死者との対話がある。人は死んでも何かしら人格的な存在が残り（これを多くの人は「霊」「魂」などと呼ぶ）、変わらぬ関係、変わらぬ愛情、変わらぬ友情が続き、対話をすることができる。

私たちは大切な人が死んでも、その人とつながっていたいのだ。それゆえ、お墓や仏壇の前で死者と対話を続けているのである。

こうした日本の仏教徒の死生観は、素朴だがとても豊かだと思う。私たちは供養という行為を通して死者とつながり、あの世ともつながっている。供養は、死者と生者がお互いにいたわりあう優しい信仰である。死者の安らぎとこの世の私たちの幸せを、葬式仏教は私たちに約束してくれるのだ。

【5】非言語が伝えるもの

葬式をする仏教は「あるべからざるもの」なのか

仏教はいろいろな顔を持っている。教えを重視する教義的な仏教はもちろん、私たちの生活のなかで接する葬送に関わることも仏教である。また、初詣でお寺にお参りしたり、厄年に厄祓いをしたりするのも仏教である（神社で行うことも多いが）。さらに、京都や奈良などの観光でお参りするお寺や仏像も仏教である。信仰としてではなく、美術を鑑賞する感覚、あるいは歴史に触れる感覚でお参りする人も多いと思うが、仏教にもとづくものであることは間違いない。

このように仏教にはさまざまな側面があり、その総体が仏教なのだ。ただ、現実には立場によって「仏教とは何か」という受けとめ方が異なってくる。特に知識人にとっては、「仏教は教えである」との意識が強い。その前提に立つと、現代における実際の仏教は「あるべからざるもの」に見えてしまう。特に葬送が活動の中心であることはとても許せないらしく、〝葬式仏教〟と呼んで揶揄する人は多い。

僧侶のなかでも、「仏教は本来、教えが中心であるべき」という意識は強い。自分たちが関わっている葬送中心の仏教は、〝仮の姿〟だと考えている僧侶もいる。

僧侶の資格を取るには、大学で仏教を学んで、本山などの研修機関で修行をすることを条件としている宗派が多い。そこでは教えと修行が中心であり、葬送について学ぶ機会はほとんどない。ところが、若い僧侶が資格を取ったあとに実家のお寺に戻ると、現実の活動はほとんどが葬送に関わることである。そこで現実を受けとめることができないと、「これは本当の仏教ではない、仮の姿なんだ」と自分に言い聞かせるしかないのである。

僧侶が教えを説こうとして法話会を開催しても、そこに来る参加者は驚くほど少ない。一周忌などの法事のあとに教えを説いても、「ありがたい話」とは受けとめてくれるものの、継続的に教えを学ぼうという人はなかなか出てこない。

一方、人が死ねば葬式を行うし、お寺にお墓があれば定期的にお参りをする。近年は宗教者を呼ばない〝直葬〟と呼ばれる葬儀が増えているが、日本消費者協会の調査によると、日本人が仏式で葬儀をあげる割合は現在でも九割近くある。

要するに、〝葬式仏教〟は〝教えの仏教〟に比べて圧倒的な支持を得ているということだ。

葬式仏教の宗教世界

葬式仏教にも、ちゃんとした教えや死生観があり、言語とは異なる形式で人々に伝えられていることを忘れてはならない。現代人は、言語化されているものがすべてだと考える傾向が強い。しかし、宗教には儀礼というものがあり、時間や空間を通して伝えられている事柄も多いのである。

儀礼といっても、本堂で行われるような法要だけではない。お墓や仏壇へのお参りなど日常的な宗教行為も儀礼であり、そこには葬式仏教の豊かな死生観が非言語で表現されている。

生者が死者を供養することで、死者はあの世で安らぎを得られる。死者もあの世から私たち生きている者の安穏を祈ってくれる。〝相互に幸せや安らぎを祈りあう信仰〟である。その死者を供養する場がお寺であり、お墓であり、仏壇である。

葬式仏教では、人は死んだら魂が身体から離れ、僧侶が葬儀をあげてくれることで無事あの世に行くことができると考えられている。ただし、あの世といっても、理念的な仏教が説くような浄土ではなく、もっと曖昧で漠然とした世界である。

それは私たちが暮らしている〝この世界のなかにあるあの世〟でもある。風となって漂っていたり、草葉の陰、山の向こう、海の向こう、あるいは私たちが生活しているすぐそばにあったり、お墓や仏壇のなかにもあったりする。

あるいは〝この世界とは異なる世界としてのあの世〟でもある。人によっては天国や浄土という言葉を使うかもしれない。ただ、天国といってもキリスト教が定義する神の世界ではなく、浄土といってもお経に記されているような荘厳な世界とは限らない。ただ「なんとなく死んだ魂が行く場所」という曖昧なあの世である。

この世界観のなかでは、死者の魂はどこか一カ所ではなく、あらゆる場所に存在している。生きている人が手を合わせたら、「そこにいる」と言ってもいい。また、死者はあの世に行った者同士で仲よく暮らしており、生きている私たちは姿を見ることはできないが、死者からは私たちの姿が見えていて、いつも見守ってくれている。

もちろん手を合わせて供養したからといっても、それで死者が安らかになったかどうかはわからない。それでも人は死者の幸せを祈らずにはいられない。ただ祈ることで、自分たちが安らかな気持ちになっているのも事実である。

こうした葬式仏教の教えは、文字にするといい加減な話に見えなくもない。そもそも伝統的な仏教の教えには存在しないし、お経にも書いていない。しかし、ここに述べた話を聞いて、「自分も同じような感覚を持っている」と共感する人は多いのではないだろうか。誰に教わったわけでもなく、私たちの無意識下に入り込んでいる信仰なのである。

葬式仏教は言語ではなく、儀式や習慣で伝えられる宗教なのだ。理念よりも、感覚で伝えられる宗教と言ってもいいだろう。

現代人は言語化されたものにとらわれ過ぎているため、こうした感覚的なものを程度が低いと考える傾向が強い。しかし、非言語で語られる葬式仏教の教えには、日本人が長い年月をかけて積み重ねてきた智慧（ちえ）がこめられているのも忘れてはならない。葬式仏教という宗教が、教えとして語られないにもかかわらず、多くの人に信仰されているのは、ここに理由があるのではないか。

日本人の生活のなかでは、言語で語られる理念的な仏教よりも、非言語で語られる葬式仏教のほうが、圧倒的に存在感があるのも事実である。そして、この信仰もまた、仏教なのだ。

葬式仏教は、誰が教えを説くわけでもなく、誰かから強制されているわけでもない。それでも、日本人の大半はこの宗教を信じ、供養という信仰を当たり前のように実践している。それは親から子へ、祖父母から孫へ、地域社会から地域社会へ、生活を通して伝わってきたものである。葬儀・法事・お盆・お彼岸といった場で教わり、あるいはお墓や仏壇を通じて伝わってきたものである。

もちろんお釈迦さまの説いた仏教とは、かなりズレた宗教であることも事実である。しかし、このズレた宗教が人々をいかに安らかな気持ちにしているかを考えたとき、私はこの宗教を揶揄する気持ちにはとてもなれない。

生者が死者を思いやり、死者が生者を思いやる信仰は、日本人が決して忘れてはならない美しく優しい信仰なのである。

第3章

死者と対話する装置——仏壇とお墓

【1】死者と対話する日本人

死者を女房にした男

古典落語に『安兵衛狐(やすべえぎつね)』という演目がある。

江戸の長屋に住んでいる安兵衛と源兵衛。変わり者の源兵衛は、あるとき酒を飲もうと瓢(ひさご)をぶら下げて谷中天王寺(やなかてんのうじ)の墓地を訪れる。どうせだったら女の墓の前がいいと「安孟養空信女」と戒名の書かれた塔婆(とうば)の前でチビリチビリと飲みはじめた。

しばらくして急に塔婆が倒れたので、よく見ると、地面に穴があいている。塔婆で突っつくと、骨が見えているではないか。源兵衛はこれも何かの縁だと考えて、骨に酒をかけて回向してやったという。

するとその晩、源兵衛の家に若くてきれいな女が訪ねてくる。聞くと、さっきのお墓に入っていた女らしい。生前にお酒が好きだったこともあり、お酒をかけてくれたことで浮かばれたという。それがうれしくて、お礼にきたというのだ。

脳天気な源兵衛は、この女を女房にしてしまう。働き者のいい女房となったが、朝がくると墓に帰るのか、どこかに消えてしまうという。

ある日、源兵衛の家をのぞいた隣の安兵衛。源兵衛が、きれいな女に酌をしてもらって上機嫌でいる。話を聞くと、墓地での経緯を話してくれた。

そこで安兵衛、自分も女房がほしいと天王寺の墓地に行って手ごろな墓を探したが、なかなか見つからない。あきらめて帰ろうとすると、狐を捕まえた猟師と出会う。安兵衛は狐が可哀想だからといって、お金を出して逃してやった。

家への帰り道、若い娘が安兵衛に声をかけてきた。聞けば、昔なじみの女の娘らしく、名前を「おコン」という。身寄りがないというので、安兵衛はこの娘を連れて帰って女房とした。

そして、〝この世のものならざるもの〟を女房としたふたりをめぐって、長屋では大騒動となる、というお話だ。

墓地で死者や狐と出会って女房にするという話である。話の前半に出てくる源兵衛は、酒を飲むために墓地へ行き、見ず知らずの女性の墓に向きあう。地面からちょっと出ていた骨を見て、憐れと思ったのか、酒をかけて供養する。

死者に対する優しさを感じるシーンである。

その後、訪ねてきた娘(さきほど供養した骨の主)を女房にして暮らしはじめる。これが怪談だと、幽霊の女に取り憑かれて精気を吸い取られるという話になるのだろうが、ここでは特に精気を吸い取られることもなく、仲良く暮らしている。

そして、この話から感じられるのは、当時はこの世とあの世の境界が現代より曖昧に考えられていたのではないかということだ。死者は、いつでもこの世の私たちと会話することができる。そして、それなりの理由があれば、一緒に暮らすことだってできる。

あの世は現代よりももっと身近なもので、お墓はそうした境界のひとつであり、私たちと死者をつなぐ場だったということだ。

日本人はお墓参りが好き

現代でも人はお墓に行けば、自然と死者と話をしている。死者と対話をするために、お墓参りをするといっても過言ではない。

日本人は、現代においてもお墓参りが好きである。読売新聞は、これまで一〇回にわたって宗教観に関する世論調査を行っている。その調査のなかに、次のような設問がある。

「宗教に関することの中で、現在あなたがなさっているもの（複数回答可）」

これに対して、「お盆や彼岸などにお墓参り」と答えた人は、昭和五四年の第一回調査で六九・三％であり、それ以降は次のように続く。

七二・四％（昭和五九年）
七三・六％（昭和六四年）
七二・二％（平成六年）
（平成七年と一〇年の調査ではこの設問はない）
七四・三％（平成一二年）

七五・八%（平成一三年）
七九・一%（平成一七年）
七八・三%（平成二〇年）

これを見てわかるのが、調査最初の年のみ七〇%を切るが、その後はすべて七〇%台で、しかも平成二〇年の調査以外ではすべて数字が上がり続けているということだ。この数字から、日本人にとってお墓参りが、いかに日常的なものなのかがわかるだろう。そして現代においても、お墓参りの存在感は衰えることがないのである。

もちろん、お墓参りをするのは仏教だけではない。キリスト教でも神道でも、お墓参りをする。それでもお墓参りは、線香と花を供える仏教のイメージが圧倒的に強い。

人はお墓の前で、死者を思い浮かべ、死者に語りかけ、死者を供養し、死者が安らかであるようにと念じ、死者が私たちを見守ってくれるようにと祈る。死者がどこかに存在していると信じているから、人はお墓の前で祈るのだ。

【2】システムとしてのお墓の限界――「守る人」の存在が不安定に

お墓に入る人とお墓を守る人

死んだ人の骨を納める「お墓」。ほとんどの人はその言葉から、「○○家」という家の名前が刻んである縦に細長い長方形の石を思い浮かべるだろう。

近年では、デザイン性が豊かな墓石が建立されたり、樹木葬のようにこれまでとは異なる新しい形式のお墓がつくられたり、お墓の多様化が進んでいる。

現代のお墓は、構造的にはカロート（遺骨を入れる小さなスペース）と、その上に建てられている墓石から成り立っている。カロートには遺骨を入れて保管するという機能が、墓石には故人の〝しるし〟という機能がそれぞれある。さらに〝しるし〟は、「故人を記録する、記念する」というメモリアル的な機能と、「故人に祈りを届ける、故人と対話する」という依り代的な機能に分けられる。

これらのうち、お墓がお墓である所以は、依り代的な機能にある。保管の機能だけであれば倉庫で充分であり、メモリアル的な機能だけであれば街角や家の庭に記念碑を建てればいい。そこに依り代的な機能が加わるからこそ、石というモノがお墓となり、手を合わせる対象となるのだ。

お墓には入っている人（遺骨）と、それを守る人がいる。死者と生者と言ってもいい。お墓における主役は、もちろんお墓に入っている死者である。一方、お墓を使うのは生者であり、遺された家族である。つまり、お墓は守る人がいないと成り立たないのだ。

ところが近年、このお墓を守る人に異変が起きている。それは、お墓を守る人という存在が、極めて不安定になってきているということである。

守る人がいないお墓

現代は少子化の波が進み、子どものいない人、子どもがいても娘だけの人が増えている。お墓は死者が主役だが、それを守る人がいないと維持することができない。少子化が進んでいるということは、守る人がいないお墓、あるいは将来的に守る人がいなくなるお墓が増えているということだ。

たとえば、子どものいない夫婦の場合、どちらか先に亡くなった人の遺骨は、遺された連れ合いの手によってお墓に納められ、供養される。ところが、あとに亡くなる連れ合いの遺骨は、それをお墓に持っていく家族がいない。運よく親類らの手助けで無事に遺骨がお墓に納められても、今度はお墓を管理し続ける人がいないということになる。

息子がいれば特に問題はないが、娘しかいない場合はいろいろと不都合なことが出てくる。もちろん娘さえいれば、遺骨を無事にお墓に納めることができるが、今度はそのお墓を娘が守ることになってしまう。現代では明治時代以来の家制度はほとんど崩壊しているが、お墓に関しては家意識が色濃く残っていて、お墓を守るのは長男と考えている人が多い。特に女性の場合、実家のお墓を守り続けるには、嫁ぎ先に気をつかわざるを得ない。嫁ぎ先の理解を得られたとしても、お墓が二つあるということで、経済的な負担も二倍になっていく。現実的には、二つの家のお墓を守ることは簡単ではないのである。

非定住時代のお墓

決まった場所に何代にもわたって住み続ける人が少なくなっていることも、お墓のあり方に影響をあたえている。かつての日本は農業に携わっている人口が多く、定住型の社会であった。特に地方では、何代にもわたって同じ家に住み続けるのが当たり前だった。

ところが、第一次産業に従事する人が減り、会社勤めをする人が増えてくると、同じ場所に住み続けることが当たり前ではなくなってくる。また、子どものうちは親と同居していても、大人になると家を出ていき、別に暮らす人も多い。つまり、一生同じ場所に定住するという文化がなくなってきているのである。

一方、お墓はずっと一カ所にあるのが当たり前である。お墓はいまだに定住文化のなかにあるのだ。

本当は住んでいる場所の近くにお墓があったほうが、お参りもしやすいし、便利である。ただ、現実問題として、住む場所が変わったときにお墓の引っ越しも行うのは簡単ではない。特にお寺の境内にお墓がある場合は、住職に対して引っ越すとは言い出しにくいし、引っ越しの経済的な負担も馬鹿にならない。

そのため、住む場所を移動するたびにお墓も引っ越すということは現実的ではない。それでだんだんとお墓との物理的距離が遠くなっていき、お墓参りに行きにくい状況が常態化していく。特に地方で生まれて都市部で暮らしている人は、お墓の掃除すら覚束ないことになってしまう。

日本はもともと農耕をベースにした定住型社会であって、今なおその影響が強い。お墓を大切にするのは、農耕社会の特徴でもある。同じ場所に住み続け、先祖が開拓した田畑を耕して暮らすというのは、お墓を守りやすい状況を生み出していたのだ。

一方、遊牧民などの非定住型社会では、あまりお墓にこだわらない民族が多い。遺骨を埋葬してもそこに石碑のような〝しるし〟は建てない。そもそも同じ場所に住み続けることがないので、どこかにお墓をつくっても、その場所を離れたらお墓参りができない。弔いを大切にする文化はあるものの、遺骨やお墓にはこだわらないのである。お墓を建てても、定期的に墓参りを行うことは物理的に不可能だからだ。

現代の日本は農耕型の定住社会をベースにしながらも、遊牧民型の非定住社会に近づきつつあり、それがお墓との向きあい方にも影響をあたえている。もちろん、遊牧民のように季節ごとに住む場所を変えているわけではないが、住む場所が変われば、お墓参りをしにくくなることは同じである。

それでも日本にはまだまだ「お墓を大切しなければならない」という意識が残っている。お墓が遠くてもないがしろにはしたくないので、なんとか維持しようとする。特にお墓の場所から離れて暮らす最初の世代は、お墓を守ろうとする意識は強い。

ただ、長いあいだそうした状況が続くと、お墓を守ること自体が重荷になっていく。まして次の世代になると、お墓のある地域への思い入れはほとんどない。もはや遠方のお墓を維持し続ける意味を見いだすのは困難である。手間とコストをかけても、お墓を引っ越そうとする人が増えているのは、ここに理由がある。

伝統的なお墓は、現代のような非定住型の社会にはだんだんとあわなくなってきているということだ。

通用しない従来のお墓システム

お墓というシステムは、これまで「お墓に入る人」と「お墓を守る人」の両者があって成り立っていた。しかし、だんだんと「お墓を守る人」の存在が不安定になってきている。それは、従来のお墓というシステムが通用しなくなりつつあることを示している。

近年、お墓のあり方が多様化しているのは、こうした背景がある。特に跡継ぎを前提としないお墓は、ここ一〇年で爆発的に広がっている。跡継ぎがいなくてもお寺が責任を持って遺骨を管理し、永代に供養し続けてくれるという〝永代供養墓〟である。

従来の「〇〇家の墓」という形式ではなく、夫婦だけの一世代で完結するスタイルのお墓も増えている。〝樹木葬〟というネーミングで樹木に囲まれた、あるいは樹木を墓標にしたお墓も一般化してきた。これらも多くは永代供養を前提としている。

納骨堂も増えているが、さらに納骨堂そのものが多様化している。これまでは、室内にコインロッカーのような納骨壇が並んでいる形式や仏壇のような納骨壇が並んでいる形式が主流だった。それが平成時代の後半ごろから、カードをかざすと遺骨の入った箱が電子制御で奥の倉庫から運ばれてきて、その箱の側面に設置された墓石にお参りする「機械搬送型」の納骨堂が増えてきた。

お墓のあり方が多様になってきたのは、ここ二〇年くらいであり、例にあげたお墓の半分以上は昭和時代には存在しなかったものである。現代のお墓は、百花繚乱（ひゃっかりょうらん）といっても過言ではないだろう。

また、故郷のお墓を現在の居住地の近くに引っ越す〝改葬〟も増えつつある。さらに、跡継ぎのいない人が、自分が生きているうちに家のお墓を撤去する〝墓じまい〟も一般的になってきた。

変わり続けるお墓

私たちが当たり前と思っている石のお墓だが、実はそんなに長い歴史があるわけではない。石のお墓が広まったのは江戸時代中期であり、それ以前には石のお墓はほとんどなかった。石のお墓が建てられるようになっても現在とは異なって〝家のお墓〟ではなく、〝ひとりの死者にひとつのお墓〟であり、高さもせいぜい一尺（約三〇センチメートル）程度というのが一般的である。そもそも石のお墓を建てられるのは経済的に余裕のある人で、ほとんどの庶民はせいぜい木の墓標しか建てることができなかった。

現在のようなお墓が広まってきたのは戦後である。日本人に経済的な余裕が生まれたことや火葬が定着したことなどが、普及の一因となった。

ひとつのお墓に複数の遺骨を納められるのは、遺体が火葬されてコンパクトになるからできることである。土葬の場合は埋葬するものが大きく、ひとつの遺体に対してひとつのお墓にならざるを得ない。複数の遺骨を納めることができなければ、「○○家の墓」は成立しにくい。

どの家でもお墓を建てるのが当たり前となったのは、戦後の経済発展が人々にお墓を買う余裕を生んだからでもある。つまり、お墓は社会のあり方によって変化するもので、時代によって変わり続けてきたということだ。

近年、「お墓を守る人」の存在が不安定になってきたことによって、従来のお墓のシステムが根本から揺らいでいる。従来のお墓のシステムは、現代の社会にあわなくなってきている。守る人がいなくても死者を大切にできるお墓、守る人がいなくても供養してもらえるお墓が提案され続けているのは、ここに理由がある。

現在、お墓はまだまだ変化のプロセスの真っただ中である。そして社会が多様化するように、お墓も多様化し続けていくのである。

【3】仏壇――死者とともに暮らすという文化

廃れつつある仏壇

仏壇が家にあるという家庭は、減少の一途をたどっている。日本人の仏壇の保有率について、第一生命経済研究所が平成二四年（二〇一二）に調査しているが（「宗教的心情としきたりの関連」）、仏壇が「ある」と答えた人が四六・七％、子どものころに「あった」と答えた人が六六・二％だった。その後も、仏壇仏具関連業者などによる複数の調査があるが、ほとんどが四〇％前後の普及率となっている。

経済産業省の工業統計調査によると、平成九年（一九九七）に八五五億四二〇〇万円だった宗教用具製造業の市場規模が、令和元年（二〇一九）は一八三億三〇〇〇万円まで縮小している。たった二二年のあいだに、市場規模が四分の一になってしまった。

仏壇という文化は、少しずつではあるが、廃れていっていると言わざるを得ない。仏壇を置く家が減った理由としてまず挙げられるのが、住宅事情である。特に新しく建てた住宅には和室がないケースが多く、仏壇を置きにくい原因となっている。また、マンション住まいだったり、一戸建てに住んでいても小規模だったりして、仏壇を置くスペースそのものがないという場合も少なくない。住環境が、仏壇を置くのを許さないということである。

もうひとつの理由は、三世代同居がなくなりつつあることだ。仏壇を守る役割は、家族のなかで年齢の高い人が担うのが一般的である。祖父母、息子夫婦、孫が一緒に暮らす家であれば、祖父もしくは祖母が仏壇を守っていた。次の世代は、それを見ながら仏壇に馴染みつつ、仏壇に手を合わせることの大切さを学んできたのである。

ところが、核家族化が進むと、祖父母の家と、その息子夫婦と孫の家は別々となり、若い世代の家には仏壇がなくなる。つまり、仏壇のない家が生まれるということである。それを何世代か繰り返すことで、仏壇がないのが当たり前になっていくのだ。

こうして仏壇を必要と感じていない人が増えていく。「なぜ、わざわざ高い費用をかけてまで、大きな仏壇を部屋に置かなければならないのか」ということだ。新しく仏壇を買おうとする人が減っていくのは、自然な流れと言わざるを得ない。

あの世とこの世をつなぐ装置

仏壇のある家の減少は社会の変化としてやむを得ないことだが、仏壇が家のなかで果たしてきた役割を考えると、少し残念な気もする。日本人の多くは仏教徒だが、その大部分は仏教の教義に関心を持っておらず、死者供養が最大の関心事である。そして日常的に死者供養を支えてきたのが仏壇であり、それを通して日本人は仏教に親しんできた。

供養はあの世でも死者が安らかであることを祈る行為であり、それは死者への優しさと愛情に満ちている。同時にあの世から私たちを見守ってくれることを願う行為であり、それは死者とのつながりを失いたくないという思いに満ちているのだ。

仏壇の前に座り、線香を焚き、手を合わせることで、人は死者と向きあうことができた。それはごく当たり前の日常であり、家族に「おはよう」と言うのと同じくらい自然なことだった。ときにお菓子・お酒など故人が大好きだったものや、いただきものを供えたりすることもある。孫の成績表や卒業証書を供えるといった光景も、以前は当たり前に見ることができた。

仏壇があるからこそ死者と会話することができ、それが日常に安らぎをもたらしてきたのである。仏壇は死者と私たちをつなぐ装置であり、この世とあの世をつなぐ装置でもあった。こうした習慣が信仰を育み、謙虚さや優しさをも育んできた。仏壇は間違いなく、日本人の精神性に大きな影響をあたえてきたのである。

本尊中心主義と死者供養

ここまで「仏壇は死者を祀る場所である」という前提で書いてきた。おそらく読者のほとんども、そのように思っているだろう。

ところが、僧侶に「仏壇とは何か」を聞くと、ほとんどの場合、これとは異なる説明がなされる。「仏壇は死者を祀る場所ではなく、本尊を祀る場所であり、手を合わせる対象も本尊である」というのだ。これは、ほぼすべての宗派でなされる説明である。

本尊は、宗派ごとに異なる。たとえば、曹洞宗では釈迦如来、浄土宗や浄土真宗では阿弥陀如来ということになる。本尊は仏像や掛け軸として仏壇の中心に祀られる。本尊の足元には死者を祀る位牌も安置されるが、浄土真宗のように位牌を置かないよう指導する宗派もある。

宗教としての仏教は、約二六〇〇年前にお釈迦さまが説いた教えがもとになり、それが日本に伝わって、親鸞や道元らの祖師方がさらに新しい解釈を加えた教えである。お釈迦さまも祖師方も、誰ひとりとして死者に手を合わせるようにとは言っていない。死者供養はもともと仏教にはなかったのである。

そのため、すべての宗派が「仏壇は本尊が中心である」と説いていることは間違いではない。しかし、本尊に手を合わせるためと考えて仏壇を買う人がどれだけいるのだろうか。あるいは過去において、どれだけいたのだろうか。

それは間違いなく少数派だ。死者供養を否定する宗派においても同様である。

たしかに死者供養はもともと仏教のものではないが、死者供養を取り入れ、死者を大切にするようになったことで、仏教は庶民に広がった。

なかにはそれを仏教の堕落ととらえる人もいる。そういう人は、教えは価値の高いものだけど、死者供養は価値の低いものだと考えているのではないだろうか。もしくは、お釈迦さまの説いた教えだけが仏教であり、その後に変容してきたものはすべて仏教とは言いがたいと考えているのかもしれない。

ただ、それは近代の合理主義的な発想に過ぎない。日本の仏教は、本来の仏教的なものだけではなく、日本の多様な信仰を取り入れることで人々の心をとらえてきた。それは、日本人が死と向きあうために必要なことだったのである。

現代の仏教の行き過ぎた本尊中心主義は、死者を大切にしたいと考える人々の心を遠ざけているように思える。現代の仏教では、死者供養に関わる活動が中心であるにもかかわらず、死者供養の大切さを説く僧侶は少ない。日本の仏教は明治時代以降、脱呪術を掲げて近代化をめざしてきた。その呪術のなかには、葬送に関わる儀式も含まれている。

近代化のモデルとなったのはキリスト教だ。当時のインテリ層には、それまでの仏教が呪術的で前近代的な宗教に見え、それに対しキリスト教は洗練された合理的な宗教に見えたのである。そうした近代化は、僧侶のなかに少しずつ浸透していった。ところが、一般生活者が仏教に求めるのは、明治時代以降一五〇年以上が過ぎても、やはり葬送なのだ。いくら「仏壇は本尊を祀るもので、礼拝するのは本尊だ」と言われても、結局のところ手を合わせたいのは位牌であり故人なのである。

仏壇の衰退は何をもたらすか？

ほとんどの日本人にとって、仏壇の前に座るのは、亡くなった家族があの世で安らかでいて欲しいと思うからである。それに対して僧侶から、仏壇は死者に手を合わせるものではないと言われると、自分の行動を否定されたような気がしてしまう。そこまで思わなくても、お寺や僧侶とは理解しあえないと感じ、距離を置くことになる。

近年、仏壇を持つ家が減っている理由として、住宅事情や核家族化が大きく影響しているのは間違いない。しかし、仏教自身が積極的に死者供養を説かなくなっている現状も、仏壇の衰退に大きく影響しているのではないだろうか。

仏壇の存在感がなくなっていくことは、日々の信仰生活の衰退を意味する。そして、死者とともに暮らす文化の衰退を意味する。仏壇は、私たちと死者をつなぐ依り代であり、私たちと死者をつなぐ装置だからである。

仏壇がどの家にもあった時代、日本人は常に死者が家のなかにいることを意識し、死者が安らかであることを祈り、死者が見守ってくれることを願って生きてきた。日々に仏壇と接することで、死者への優しさに満ちた信仰を育んできたのである。これも時代の流れかもしれないが、日本人は大切なものを、またひとつ失いつつあるような気がするのである。

お墓と仏壇は、日本人が信仰を育んでいくうえで、とても大きな役割を果たしてきた。それはどんなお経よりも、どんな法話よりも、大きな役割を果たしてきた。近年、家制度や地域社会などが変化し、お墓も仏壇も変化を余儀なくされている。お墓は形態を変化させつつも、まだまだ存在感を保っているが、仏壇は著しく存在感をなくしている。

もちろん、社会の背景を考えると、仏壇の地盤沈下はやむを得ないところがある。しかし、家庭のなかから死者と向きあう場所が失われていくのは、さびしいものである。

仏壇の存在感がなくなっていくのは、二〇年後、三〇年後の社会に大きく影を落とすことにつながると思う。死者と向きあう場が失われるということは、日本人の信仰の根幹に関わることだからである。

第4章

社会問題化するお布施

【1】築地本願寺とお布施の金額

ホームページから消されたお布施の金額

新型コロナウイルスの感染拡大は、仏教界にも大きな影響をあたえた。一周忌などの年忌法要も、〝三密〟の状態を避けるため自粛するという家が相次ぎ、各地のお寺で活動が大きく停滞した。同時に、故人を偲ぶ法要が突然なくなってしまったことで、満たされない思いを残す遺族も少なくなかったようだ。

そんな状況のなか、コロナ禍が始まってまもなくの令和二年(二〇二〇)五月、東京の築地本願寺がオンライン法要を始めた。これは仏教界の新型コロナ対策として、メディアでも話題となった。儀式は築地本願寺で行うが、依頼者や親類は自宅にいたまま、オンラインを通してモニター越しに参列するというものだ。

僧侶とは直接会わずに法要を行うため、お布施をどのように渡すかが気になるところである。築地本願寺のホームページによると、「お布施額 三万円以上（銀行振り込み又は現金書留にて）」とあり、お布施を振り込みか書留で送金することが記載されていた。

ところが、オンライン法要が始まって一カ月もしないうちに、お布施についての記載が「お布施額 お気持ちですが、目安はお尋ねください」という内容にひっそりと訂正された。「三万円以上」が「お気持ち」に変わったということである。

さらに約一カ月後、再びお布施の表示が「冥加金（みょうがきん） 三万円以上」に戻る（現在は「懇志（こんし）五万円以上」）。おそらく、これに気づいた人はほとんどいないだろう。ホームページの記載が一行変わっただけの、ささやかな訂正である。オンライン法要プロジェクトのちょっとした軌道修正にしか見えない。

ただし現実は、築地本願寺にとってかなり重大な決断だったはずである。しかもこの訂正には、一般生活者との意識のズレを解消できない現代の仏教における葛藤が象徴されている。「お気持ち」よりも「三万円」とはっきり伝えたほうが依頼しやすいことは明らかである。にもかかわらず、僧侶らにとっては、そう簡単に「三万円」と明言できない事情があるのだ。

お布施の金額を記載するな！

築地本願寺が属している浄土真宗本願寺派は、全国に約八万あるお寺のうち、約一万の末寺を抱える巨大宗派である。特に築地本願寺は、本山である京都の西本願寺の直轄寺院という特別な地位にある。

実は、日本の仏教の宗派には〝宗会(しゅうかい)〟という議会があり、選挙で選ばれた宗会議員が宗派の重要な問題を議論し、政策を決定している。日本という国家における〝国会〟と同じ役割を果たしていると言えばわかりやすいだろう。

特に本願寺派の宗会は明治一四年（一八八一）に開設されており、日本の帝国議会よりも一〇年早く、日本で最初に選挙制を取り入れたという伝統ある議会である。そして令和二年六月に開かれた宗会で、ある議員がこの築地本願寺で取り組むオンライン法要について、次のような一般質問を行った。

「お布施に対して金額をつけられたことに違和感を覚える。全国のご住職も疑問を持たれるのではないか」（『仏教タイムス』令和二年六月二五日付）

つまり、国会にあたる最高議決機関で「お布施に具体的な値段をつけて、三万円（以上）と記載することは、けしからん」と問題提起したのだ。これは言外に「お布施三万円（以上）と記載することはやめろ」と勧告したのに等しい。お布施に金額をつけて「三万円（以上）」と書くことは、最高議決機関で議論されるほど大きな問題なのである。

この質問に対して、築地本願寺の安永雄玄宗務長（当時）は「お布施の趣旨を伝え、誤解を招かないように努めるとともに、一般生活者の視点に立ってご理解いただけるよう、こうした表現にさせていただいております」と答弁している。そして、このやりとりがあった当日にホームページの「三万円（以上）」という表示は「お気持ち」に訂正されたのである。

ところが約一カ月後、今度はほとぼりが冷めるのを待ったかのように、「お気持ち」が再び「冥加金三万円（以上）」に戻る。この点について築地本願寺に取材したところ、「お布施の金額についてどのように表現するかはとても難しい。仏教界では、お布施本来の意義から金額は示すべきでないと考える人が多く、それを示すことは許されない雰囲気がある。しかし、一般の方々が置かれている社会環境を慮ると、金額の目安は必要と思っている人も仏教界にはいる。いろいろ検討したが、目安を示して、同時にお布施の意義を説くことを徹底するということになった」（東森尚人副宗務長）ということであった。

宗派の考えと一般生活者の気持ちとのあいだで葛藤する築地本願寺の立場がうかがえる。お布施のあり方をめぐって、仏教と一般生活者のあいだにいかに大きなズレがあるかを象徴する事件である。

【2】イオンに抗議する全日本仏教会

葬祭業に参入したイオン

築地本願寺のケースは、浄土真宗本願寺派という宗派内での出来事だが、お布施をめぐって社会と仏教のあいだには何度も小競り合いが起きている。そのひとつが、平成二二年(二〇一〇)に起きた、流通王手のイオンと公益財団法人全日本仏教会(以下、全日仏)がお布施のあり方をめぐって対立するという事件だ。

全日仏とは、日本の大部分の宗派が所属している〝伝統仏教を代表する連合組織〟である。現在、五九宗派、約七万の寺院（国内約七万五〇〇〇寺院のうち）が属している。仏教界における経団連のような存在だ。

一方、イオンは郊外型の巨大ショッピングモールを中心に展開している総合流通企業である。

イオンと全日仏が対立するきっかけとなったのは、イオンが葬儀業界に参入したことだ。葬儀社というものは、どうも社会的なイメージがあまりよくない。消費者センターなどには、「最初に言われたのに比べて、高い金額を請求された」「事前に見積もりをもらえなかった」「必要もないようなオプションを、説明もなしに勝手につけられた」などといったクレームが多く寄せられているのも現実である。必要以上に葬儀社のイメージを貶めるような報道も少なくなく、これが葬儀社のイメージをさらに悪くしている。

そもそも〝葬儀の喪主になる〟ということ、つまり〝葬儀社に仕事を依頼する〟ということは、普通の人は一生のうちに数回しか経験することがない。そのため、葬儀の進め方や費用についての知識は、ほとんどの人が持っていない。そのうえ、葬儀費用の料金体系はとてもわかりにくい。たとえば、棺が一〇万円と書いてあっても、それが高いのか安いのかは判断のしようがない。最近でこそ見積書が当たり前の業界となったが、少し前までは見積書を出してくれる葬儀社も多くはなかった。

こうした反省から、近年〝明朗会計〟を売りに展開する葬儀社が増えている。イオンもこの潮流のなかで、やはり〝明朗会計〟を強調して葬儀業界に参入したのである。

実は「葬儀事業をスタートさせた」と言っても、正確にはイオンそのものが葬儀を行うわけではない。全国の提携葬儀社が、イオンのパッケージにもとづいて葬儀を施行するという仕組みである。この仕組み自体に問題がないわけではないが、明朗会計というわかりやすい特徴と、イオンという大企業の看板で、おおむね好感をもって消費者に受け入れられたのだ。

お布施にも明朗会計を！

葬儀費用をいくら明朗会計にしても、葬儀社にとってはアンタッチャブルともいえる口を出せない領域がある。それは僧侶に渡すお布施である。

日本では、ほとんどの人が仏教で葬儀を行う。近年は〝直葬〟といって宗教者を呼ばない葬儀が増えているといわれているが、それでも宗教者を呼ぶ場合、約九割が僧侶を呼び、仏教で葬儀を行っている。

僧侶を呼んだ場合、当然お布施を包まなくてはならない。このお布施というものが、一筋縄ではいかないのだ。金額が決まっていないからである。

それならば、葬儀をお願いする人は、どうやってお布施の金額を決めているのだろうか。たとえば、ある程度の年配の人で、お寺との付き合いが深い人は、長年の付き合いのなかで、だいたいどのくらい包めばいいかをわかっている。あるいは、親類や近所の人たちにどのくらい包めばいいのかを相談して金額を決めている。

ところが現代では、普段からのお寺との付き合いがない人たちがほとんどである。そのうえ、親類が近くにいない、近所付き合いがあまりないという人も多い。相談する人すらいないとなると、「いったいどのくらいの金額を包めばいいのか」と途方に暮れてしまう。そこで思いあまってお寺に「どのくらいお包みすればよろしいのですか？」と聞いても、「お気持ちでけっこうです」という答えが返ってきたりする。こちらはわからないから聞いているのに、「お気持ちで」と言われても困ってしまうばかりだ。

さらに問題を複雑にしているのは、お布施の標準的な金額が地域や宗派によって異なっているうえ、同じ宗派の隣のお寺でも違っているケースがめずらしくないことだ。葬儀のお布施をいくらにすればいいのかという悩みは、葬儀における最大の不安材料なのである。

そこでイオンは、「わかりにくい」お布施にも「わかりやすさ」を導入しようとした。ただし、お布施はお寺に渡すものであって、葬儀社とは関係ないものである。基本的に、葬儀社が口出しすべきものではない。

ところが近年は、都市部を中心に菩提寺（檀家になっているお寺）を持たない人が多くなっている。普段からのお寺との付き合いのない人は、家族の誰かが亡くなっても頼めるお寺はないし、お寺を探す方法もわからない。こうした人たちのため、都市部の葬儀社ではお寺を紹介するのが当たり前の業務になっている。

紹介するとき、葬儀社は「あそこのお寺さんは、だいたいこのくらいのお布施を包めば大丈夫ですよ」などとアドバイスをしてくれる。場合によっては、「〇〇万円、お包みしてください」とはっきり金額を伝えてくれる（あくまでも葬儀社が紹介したお寺だけで、遺族がもともとお付き合いしている菩提寺の場合はそれぞれの関係性があるのでアドバイスは難しい）。葬儀社が、お寺との調整役をしているのである。

　こうしたアドバイスは個別になされるのがほとんどで、その情報が公開されているわけではない。お布施の標準額が地域・宗派・お寺などによって異なるため、相場が出しにくいからである。こっちのお寺の標準額が、あっちのお寺の標準額とは限らないのだ。

　ところがイオンは、〝明朗会計の葬儀〟というコンセプトをお布施にも導入しようとした。イオンが紹介するお寺に関しては、お布施の金額を全国一律にしたのである。もちろん、提携するお寺とは「うちからの紹介の場合は、この金額でお願いします」と事前にすりあわせをしてある。そして金額を「お布施の目安」としてホームページで公開した。少しややこしいのは、公開したのはイオンで紹介するお寺のお布施の金額なのだが、それを「お布施の目安」としたことである。これがあとあと問題になってくる。

　ちなみに、公開した金額は、通夜・葬儀・火葬場炉前・初七日（当日）での読経に加え、戒名に一般的な「信士」「信女」をつけて二五万円というものだった。これによって、イオンに葬儀の依頼をして、僧侶も紹介してもらう人は、葬儀費用（葬儀社に支払う費用）だけでなく、お布施に関してもどのくらいかかるかについての不安がなくなった。

　これだけ見ると、いいことづくしのように見える。ところが、イオンの〝明朗会計〟に物言いをつけた存在があった。全日仏である。

お布施の目安を歓迎した一般生活者

全日仏では理事会などで、イオンによるお布施の目安のホームページ掲載について「営利企業が、目安と言いながらも布施の料金体系化をはかっていいのか」といった意見が出ていた。そこで加盟各宗派から意見を集約したうえで、ホームページ上からお布施の〝目安〟の削除を求める意見書をイオンに提出したのである。

全日仏の戸松義晴(とまつよしはる)事務総長(当時)は、次のように述べている。

「布施をどう考えていいかわからないという声があるのは承知している」としながらも、「布施は言われて出すものではなく、出す人が額などを決めるもので極めて宗教的な行為。価格を決めて商品のように扱うのはいかがなものか」(産経新聞二〇一〇年七月二一日付)

それに対するイオン側の主張は、次のようなものだった。

「『布施の価格がわからずに困った』『寺に聞いても、はっきりと教えてくれない』といった声が多くあり、それに応えることにした」「疑問と不安のない明瞭な価格を提示するのは当社の理念。八宗派、全国約六〇〇の寺院の協力も得られることになっている」

ちなみに、このときのイオンの主張には虚偽の内容があった。それは、「八宗派、全国約六〇〇の寺院の協力も得られることになっている」というものであるが、その後、協力を約束した宗派が皆無であることが判明し、イオンはこの主張を撤回している。

イオンと全日仏の対立は新聞報道でも大きく取りあげられ、特に産経新聞はこの問題を詳しく解説した。産経新聞の記事は大きな反響を呼び、読者から約六〇〇件の意見が寄せられたという。この記事を書いた赤堀正卓（あかほりまさたか）副編集長（当時）は、「新聞記者になって二〇年近くになるが、こんなに大きな反響があったのは初めて。正直、びっくりしている」と語っていたほどだ。

つまり日本人の多くが、お布施に対して「言いたいこと」があったということである。そして産経新聞に寄せられた意見の内容だが、お布施の目安の提示に〝是〟とする意見は、全体の約八五％だった。

産経新聞(二〇二一年七月一五日付)の記事を紹介する。

その多くは「自分が葬儀を出した時に困った経験がある」という体験談からきたものだった。「『気持ちの問題』といっても目安がないと、どう考えていいかわからない」(無職女性)という趣旨の声は一〇〇件以上寄せられた。ほかに「僧侶から『お気持ちで』といわれて布施を渡したら、『これでは少ない』といわれて返された」(会社員男性=同様一二件)。「昔のように檀家が寺との代々のかかわりの中で布施を決めることができる時代ではない」(匿名=同様八件)といった意見があった。

自分で葬儀費用を用意しているという高齢者からは、「布施がいくらかわからないと、葬儀費用を用意する際に困る」(無職女性=同様二件)などの現実的な悩みも寄せられた。「自分の寺では、きっちり価格を示してくれるのでありがたい」(男性会社員=同様八件)といった情報もあった。

一方、イオンが行ったお布施の目安の提示について〝否〟の意見は、約一一%である。産経新聞によると、次のとおりである。

理由の主なひとつに、イオンが提示した価格の妥当性をめぐる意見があった。「金額を明示することで、低所得者にとっては過大な負担を強いることになるのでは」（無職女性＝同様四件）。「何でもかんでも消費者のニーズといって価格破壊をおこせばいいとは思わない」（匿名）という考えもあった。「金額に幅を持たせた目安を示したほうがありがたい」（女性＝同様四件）といった意見も寄せられた。

「布施を出すことは宗教行為である」との立場から、反対する意見も多くあった。価格目安の提示に戸惑う全日本仏教会と同様の意見だ。具体的には「人の心に対する値段を明瞭化する必要があるのか」（男性＝同様四件）。「寺に出入りするのは消費者ではなくて信者、信徒。そこに定価はない」（女性）。「先祖供養をきっちりとしていれば、おのずと布施の金額はわかるはず」（男性＝同様二件）といった意見もあった。

世論としては、イオンを支持する意見が圧倒的に多い。全日仏の主張は、教義的には正しいことを言っているのであろうが、多くの人たちはそれを心情的に受け入れられないということである。

ただし全日仏は、その後もイオンとの話しあいを続けるとともに、このお布施に関して、社会とどのような共通認識をつくっていくかについて動きはじめる。そのひとつが、平成二二年九月一三日に開催したシンポジウム「葬儀は誰の為に行うのか？〜お布施をめぐる問題を考える〜」である。このシンポジウムを通して、お布施はどうあるべきかについて、仏教界の考え方を社会にアピールしようとしたのだ。

ところが、このシンポジウム開催の直前にあたる九月一〇日、事態は突然に終息を迎える。イオンがホームページから、「お布施の目安」を削除したのである。この措置についてイオンは、「意見書を受け入れたというものではない」と説明しているが、全日仏は「意見書の内容に応えてもらったと理解している」と高い評価をした。

世論はイオンを支持したが、イオンは仏教界の意見に理解を示し、事実上、譲歩したということである。全日仏としては力ずくで黙らせたわけでなく、きちんと話しあいを続けてきたなかで理解してもらったわけで、その意味では評価することができよう。

お布施の目安は存在するのか？

ここで、イオンと全日仏の対立の論点について整理する。

「お布施というものがよくわからない」「お布施をいくら包んでいいのかわからずに不安を感じる」といった意見は、以前からずっと言われてきたことである。金額がわからなくて不安ということだけでなく、お布施は高いというイメージもある。ただし、何が高いか安いかは主観的なところもあるので一概には言えないし、そもそもお寺によって金額が異なるため一般論で語ることは難しい。

しかし、現実問題として「お布施を包んだら、こんな金額じゃ受け取れないと突き返された」「葬儀をお願いしたら、驚くほど高い金額を請求された」などといった話はよく聞く。もちろん一部のお寺で起きているトラブルに過ぎないのだが、こうした話を耳にすると、自分もそういう目に遭うんじゃないかと不安になるのは自然であろう。

イオンは「お布施への不安をなくすために、金額の目安をホームページに掲載した」と主張する。しかし、実はイオンが目安としてホームページで示したのは、提携している寺院とのあいだで取り決めた金額でもあった。自社で決めた金額を、〝目安〟であると拡大解釈して示したとも言えるのだ。

イオンを介して提携している寺院に葬儀をお願いした場合、イオンが示した金額でお布施を包めばいい。そこに問題は起きない。しかし、〝目安〟ということで金額をオープンにすると、それが普遍的な内容を持ってしまう。イオンと関わりのある寺院だけでなく、日本全国の寺院にとっての〝目安〟になりかねない。しかも、イオンは誰もが知っている巨大企業である。その巨大企業が示した〝目安〟は、ブランドを背景に信頼性を持ってしまう。

ところが、現実問題として、お布施に全国的な〝目安〟を設けることは不可能である。お布施は良くも悪くも個別性の高いもので、宗派や地域などによって金額も意味合いも異なっていることが多い。場合によっては、地域や宗派が同じであっても、隣同士のお寺であっても異なるケースは珍しくない。同じお寺でも、関係性によって異なってくるケースすらある。イオンが〝目安〟として一定の金額を示すことは、こうした個別の事情が無視され、トラブルとなる可能性が高いのである。

たとえば、ある人がイオンの〝目安〟を見てお布施の金額を決め、僧侶に渡したとする。もし、それが地域・宗派・お寺における標準額と大きくズレていたら、どうなるだろうか。金額が少なかった場合、お寺としては「困った」ということになる。「まあ、お布施なので、金額は関係ないからありがたく受け取っておこう」と考えるお寺もあるだろう。でも、「お布施が少ない」とはっきり言ってきたり、ほかの人を通じて伝えてきたりする場合もある。すると檀家は、「こっちは全国的な目安に従って金額を決めたのに、なんでこんなことを言われなくてはならないんだ」と気を悪くする。こうなると、お布施を出すほうにとっても、受け取るほうにとっても、いいことではなくなってしまう。

つまり、イオンの示した〝目安〟は、あまり〝目安〟としては役に立たないということなのだ。本当に正しい〝目安〟があるのならば、葬儀を頼むほうは安心できるはずなのだが、少なくともイオンの示したものは安心を生まないからである。

お布施の定額表示

なぜイオンは「自社の提携している寺院ではこの金額です」という言い方をしなかったのだろうか。明示する金額を、あくまでも〝イオン提携の寺院〟に限定してしまえば、少なくともほかの寺院に影響することはないはずである。ありもしない〝目安〟で、多くの人たちを混乱させることもないだろう。

その点について、イオンは〝お布施の定額表示〟を意図的に避けた可能性が高い。仏教界で〝お布施の定額表示〟が批判されていることを知っていたからである。仏教界ではお布施を定額表示にすると宗教行為の対価になり、単なる料金になってしまうと考えられているのだ。後述するが、アマゾンに出品された「お坊さん便」に対して全日仏が抗議したときは、〝お布施の定額表示〟が論点だった。イオンは、お布施を定額表示にすれば、仏教界の反発を招くことはわかっていた。そのため定額表示を避けて、〝目安〟という妥協点に落ち着いたと言える。

ただ、イオンが妥協点と考えた〝目安〟も、結局は仏教界にとって許せる範囲のものではなかった。〝目安〟だろうが、それがお布施の料金化を促すものであることには変わりないと考えたからである。そして全日仏は、仏教界を代表してイオンに抗議し、ホームページ上から〝目安〟を削除するよう求めたということだ。

【3】アマゾンでお坊さんを呼ぶということ

「お坊さん便」という商品

仏教界がイオンと対立した五年後、今度は仏教界とインターネット通販サイトのアマゾン・ジャパンとのあいだで騒動が起きている。

平成二七年（二〇一五）一二月八日、アマゾンに法事（年忌法要）を行う僧侶を手配する「お坊さん便」というサービスが出品された。最初はアマゾンとお坊さんという組み合わせが新奇なこともあって、ネットニュースで取りあげられ、ＳＮＳなどで話題になっていたという程度であった。

ところが、同じ月の二四日に、全日仏が理事長談話としてこのサービスを批判する声明を出すと、新聞各紙がいっせいに報道するようになった。各紙の記事の見出しは、次のようなものだ。

「僧侶:ネットで派遣注文、波紋『アマゾン出品』きっかけ 仏教界『宗教を商品化』」(毎日新聞)

「アマゾンに僧侶手配『お坊さん便』仏教会反発、掲載中止要請へ」(朝日新聞)

「お坊さん便、波紋呼ぶ、仏教界、『商品化』懸念 利用者『供養、大差ない』」(朝日新聞)

「アマゾン 法事通販〝お坊さん便〟仏教会『宗教行為を商品化』批判談話発表」(読売新聞)

「アマゾンの『僧侶派遣』、仏教会が批判『宗教行為を商品にしている』」(産経新聞)

ちょっと補足すると、「アマゾンの『お坊さん便』」という報道がされているが、実際に「お坊さん便」を運営していたのは「株式会社みんれび」という会社である(現在の社名は「株式会社よりそう」)。形態としては、アマゾンのショッピングモールに「みんれび」という会社が「お坊さん便」という商品を出品したというかたちになる。「みんれび」の主な業務は、インターネットによる葬儀社の紹介で、付随サービスとして僧侶派遣業務も行っていた。ちなみに、「みんれび」はそれまでも僧侶派遣の業務をしていたが、アマゾンに出品したのをきっかけに「お坊さん便」という名称をつけ、知名度が飛躍的に高まった。

偶然にも「お坊さん便」が発表された翌日、私は全日仏の理事をしている僧侶と一緒に、葬式仏教をテーマにしたシンポジウムにパネリストとして出席していた。シンポジウムではこの話題に触れることはなかったが、終了後に喫茶店でお茶を飲みながら反省会をしていたときに、理事の携帯電話に慌ただしく何度も電話がかかってきていた。全日仏として、どのような対応をすべきなのかを事務局と相談していたのである。

電話が終わって、その理事が私にこう問いかけた。

「『お坊さん便』にどう対応するのか協議しているのだけど、どう思う？」

私はアマゾン側より仏教側にこそ問題があると思っていたが、このときは「組織としてどう対応するか」という質問だったので、「イオンのときみたいな抗議などはしないほうがいいのではないか」と伝えた。イオンと対立したときに抗議が裏目に出て、逆に全日仏への批判が高まった例を挙げ、アマゾンに抗議するのはいいけど、結局は前と同じように社会的な反発を招くのではないかと考えたからである。

ところがその理事は、次のような言葉を返してきた。

「たしかにそのとおりなんだけど、このままじゃ仏教界は変われない。あえて社会に対して問いかけて、仏教界全体で考えるきっかけにできればと思っている」

ちょっと予想外の返答だったので、戸惑ったことを覚えている。たしかに、問題提起として価値があるのは間違いない。本当にそれで仏教界が変わるとは思えなかったが……。

支持を得られない仏教界

全日仏がアマゾンに対する批判的な理事長談話を発表したのは、「お坊さん便」の発表から約半月後のことである。案の定、理事長談話をきっかけに、さまざまなかたちで仏教界への批判があふれだした。

いち早く反応したのは、インターネットだ。「お坊さん便」が出品された当初から、インターネットでは賛成派と反対派が意見を戦わせていた。特にアマゾンの商品ページのカスタマーレビュー欄は、賛否両方の意見が多く掲載されていた。ところが、ヤフーニュースで「お坊さん便」が報道されたときは、コメント欄のほとんどが仏教界批判で埋め尽くされた。ウェブ上での批判だけでなく、全日仏の事務所にはかなりの数の抗議電話が寄せられていた。

その後もメディアが繰り返し報道するなかで、翌年三月四日に全日仏はアマゾンに対して「『アマゾンのお坊さん便 僧侶手配サービス』について(販売中止のお願い)」と題する正式文書を送付する。この文書、「販売中止のお願い」と副題をつけてあるが、実際の内容は抗議文である。

「私どもは、先ずもって、このように僧侶の宗教行為を定額の商品として販売することに大いなる疑問を感じるものであります。およそ世界の宗教事情に鑑(かんが)みても、宗教行為を商品として販売することを許している国はないのではないでしょうか。(中略)上記のことをご配慮いただき、『アマゾンのお坊さん便 僧侶手配サービス』の販売を中止されるよう、お願いするものであります」(抜粋)

要するに、「僧侶の派遣を行うことはけしからん、即刻止めろ」ということである。ところが、アマゾンはこの文書に対して反論をするどころか、なんの反応もしなかった。つまり〝無視〟をしたのである。全日仏としても、文書を送付する以上、なんらかの反応を期待していたわけだが、アマゾンの対応には肩すかしを食らったかたちとなったのである。

ちなみに、全日仏はこのときサービスを提供している「みんれび」には抗議をしていない。理由は不明だが、もし「みんれび」に抗議をしていたら、もっと大騒ぎになっていた可能性がある。

アマゾンに「お坊さん便」を出品する行為が、大きな社会的な反響を呼ぶことは、この業界にいる者ならば当然予想できる。イオンとの騒動を知っていれば、世論は自分たちの味方をするだろうということも推察できる。そこまで考えてアマゾンに出品したかどうかはわからないが、少なくとも全日仏が抗議してくることに対する準備はしていたはずである。

うやむやになって消えた協議会

全日仏はアマゾンに抗議しただけでなく、社会の批判を重く受けとめ、信頼回復に向けての第一歩を踏み出そうとする。

たとえば、アマゾンに送付した文書には「悩み苦しんでいる方々に本当に寄り添えているのか、僧侶としてのあり方を足下から見つめ直し、信頼と安心を回復していかなければなりません」という一文も添えられている。また、アマゾンに文書を送付する際のプレスリリースには「同理事会では伝統仏教界が広く社会の期待に応えていく態勢を作るため『法務執行相談に関する協議会（仮称）』を設置することになりました」とあり、葬儀や法事などの儀式のあり方について、協議していくことが発表されている。

「これを仏教界全体で考えるきっかけに」と話した理事の考えが、実現に近づいたということである。そして平成二八年（二〇一六）九月一六日に第一回の協議会（正式名称は「法務執行に関する協議会」に決定）が開催され、議論を始めたのである。

ところが、この協議会、待てど暮らせど成果が見えてこない。平成二九年一月に中間報告が出たものの、そこにはこれまでの経過と問題の原因・背景の分析が書かれているだけである。しかも中間報告後、協議会は一度も開催されていない。

数年後、全日仏の職員に「協議会はその後どうなっている？」と聞いたら、その職員は驚くことに協議会の存在すら知らなかった。中間報告後に全日仏の職員となったとはいえ、申し送りすらなされていなかったのである。

協議会をつくったのは「同理事会では伝統仏教界が広く社会の期待に応えていく態勢を作るため」と主張していたが、これでは〝その場しのぎの言葉だった〟と思われても仕方がないだろう。

騒動から四年後の令和元年（二〇一九）一〇月、「よりそう」（平成三〇年に「みんれび」から社名変更）は突如として「お坊さん便」をアマゾンから撤退させることを発表する。「よりそう」が発表したリリースを見ると、三つの変更点が書かれている。

①大手ECサイトでの（お坊さん便の）取り扱いを二〇一九年一〇月二四日に終了する。
②お礼や供養への気持ちを表現できる新たな決済方法「おきもち後払い」を導入する。
③利用者が提携僧侶の檀信徒・門徒となりグリーフケアにつながるご縁を結ぶことを歓迎する。

さらに「全日仏、その他の仏教関連団体、提携僧侶などと意見交換のすえ、この結論に至った」ということが記されていた。

多くのメディアが注目したのが、このリリースの①だ。つまり「お坊さん便」のアマゾンからの撤退ということである。四年前、全日仏がアマゾンに送付した抗議文で、特に強調されたのが「僧侶の宗教行為を定額の商品として販売すること」だった。今回の「よりそう」の対応は、こうした反発に対して一定の配慮を示したように見える。

たしかに「よりそう」はアマゾンから「お坊さん便」を撤退させたが、自社サイトでは相変わらず商品として販売している。そもそも「お坊さん便」は、もともとアマゾン経由での成約は少なく、自社サイトでの成約、しかも葬儀社の紹介をした顧客に対してオプション扱いで販売したものが大部分だといわれている。そういう意味では、「アマゾンから撤退」しても実態はあまり変わらないということだ。むしろ、不採算ビジネスをひとつ整理したに過ぎないだろう。

それでも「よりそう」の歩み寄りは、仏教界、とりわけ全日仏の顔を大いに立てたことになった。全日仏も「歓迎の意向」を示したと報道されている。

この機会に「よりそう」は大量にプレスリリースをメディアに送付し、大手新聞社の多くがこれを取りあげた。あたかも「よりそう」が仏教界のことを配慮し、全日仏と相談しながら事業を進めているかのごとくの報道である。

しかし、実態が大きく変わったわけではない。「お坊さん便」は相変わらず存在しているし、そこではお布施が定額で表示されている。私の目には、全日仏が「よりそう」のメディア戦略に利用されたようにしか見えないのだ。

全日仏は何と戦っていたのか？

お布施をめぐって、イオンとの問題が平成二二年に起き、五年後の平成二七年にアマゾンとの問題が起きた。同様の問題はそれ以外にもあったが、やはりイオンやアマゾンという巨大企業が関わることで、仏教界が大きな不安を感じたのは間違いないだろう。

二つの問題は共通する要素が多いものの、比べてみると若干の相違点が見えてくる。まず、イオンで問題になったのは〝葬儀〟だが、アマゾンの場合は〝法事（一周忌、三回忌などの年忌法要）〟だということ、またイオンは〝お布施の目安〟だったが、アマゾンは〝お布施の定価〟だということである。

イオンはお布施の定額表示をしたかったと思われる節がある。ただ、定額表示はタブーだと考え、目安という妥協案を考えたのではないかと推察している。しかし、「お坊さん便」をアマゾンに出品した「よりそう」は、逆に定額表示にこだわった。

イオンが僧侶を派遣する場合は、あくまでも「イオンのお葬式」を行うなかでの僧侶派遣である。イオンが葬儀の施行を受注して初めて、その葬儀を勤める僧侶を派遣することになる。つまり、僧侶派遣はオプションに過ぎないのだ。一方、アマゾンにおける「お坊さん便」の場合は、何かに付随したものではなく、僧侶を派遣すること自体がメインのサービスとなる。定額表示をしなければ、誰も注文しないのだ。ましてアマゾンという通販サイトに掲載するためには、定額表示は不可欠である。

抗議を受けた側の対応も、だいぶ異なるものだった。イオンの場合は、全日仏の抗議に対してイオン側の主張も述べていたし、最終的にはホームページ上にあったお布施の目安を削除した。イオンは「意見書を受け入れたものではない」と述べているものの、実際は一定の配慮をして削除に至ったことが想像に難くない。一方、アマゾンの場合は、まったくの無反応である。反論すらしていない。社会の関心の高さを考えると、無反応というより、意図的に無視した可能性すらある。

反論しなかった理由を想像すると、ひとつは「お坊さん便」はアマゾン自身が行っているサービスではなく、出品者のサービスなのでコメントする立場にないということだ。もうひとつは、アマゾンが提供する膨大な数のサービスひとつひとつのクレームに対応することはできないということだろう。いずれにせよ、アマゾンとしては「お坊さん便」の是非に立ち入るつもりはなかったと言える。

最終的に「よりそう」は、全日仏に配慮の姿勢を見せてアマゾンからの「お坊さん便」の撤退を決めたが、相変わらず自社サイトで「お坊さん便」の販売は続いている。なぜなら「よりそう」のビジネスモデルでは、「お坊さん便」の販売とお布施の定額表示は、必要不可欠だからである。

「よりそう」がアマゾンからの撤退を発表したとき、「おきもち後払い」という仕組みの導入を同時に発表している。基本的にお布施は定額表示だが、葬儀をしてくれた僧侶に「仏事に対するお礼、供養や信仰への想いから、費用とは別途お布施を渡したい」との思いがあった場合、あとから「お気持ち」の金額を追加で支払えるというものだ。

この点でも、「よりそう」はかなり全日仏に対して譲歩しているように見える。あとから「お気持ち」分のお金を上乗せできるようになったからである。ただ、前述の全日仏がアマゾンに送付した文書には次のように書いてある。

「私どもは、先ずもって、このように僧侶の宗教行為を定額の商品として販売することに大いなる疑問を感じるものであります。およそ世界の宗教事情に鑑みても、宗教行為を商品として販売することを許している国はないのではないでしょうか」

「おきもち後払い」の仕組みがあっても、ホームページやパンフレットにお布施の定額表示がされている現実に変化はない。しかし全日仏は、この「よりそう」の方向性に、「歓迎の意向」を示したと報道されている。それならば、全日仏はいったい何と戦っていたのだろうか？

僧侶を派遣するというビジネスが生まれた理由

イオンとアマゾンが仏教界と対立した問題で、この両者が異なることがもうひとつある。イオンの場合は、「イオンのお葬式」が僧侶を派遣していることを、あまり前面に出しているわけではない（実際は行っている）。一方、アマゾンの場合は、僧侶を派遣すること自体が商品として提示された。

もちろん、アマゾンが直接に派遣しているわけではない。「みんれび」という会社が派遣業務を行い、アマゾンのショッピングモールに出品していたのだ。僧侶を派遣すること自体が商品になっている形式に、違和感を覚える人は少なくないだろう。全日仏がアマゾンに送付した前述の文書にも、そういった趣旨が書かれている。

アマゾンの「お坊さん便」のページのカスタマーレビュー欄を見ると（現在は閉鎖）、「お坊さん便」に批判的なコメントが見られるが、その多くが僧侶派遣がビジネスになっていることに違和感を覚えるというものだ。この違和感は、お寺との付き合いを大切にしてきた人にとっては、ごく自然なものである。ビジネスにしてはいけないものを、ビジネスにされてしまったという感覚であろう。

しかし、私が記憶している範囲では、少なくとも平成時代の初めごろには僧侶派遣会社が存在し、すでにビジネスとして定着していた。実は僧侶派遣というビジネスは、現代の葬儀においては、なくてはならない存在になっている。現代社会には、菩提寺のない人がたくさんいるからである。これは都市部に行けば行くほど多い。首都圏においては、菩提寺のない人は六割とも七割ともいわれている。むしろ菩提寺のない人のほうが主流派なのだ。

菩提寺を持たない人が亡くなると、遺族は葬儀社に連絡して、葬儀の段取りを始める。準備の段階で、葬儀社は必ず付き合いのあるお寺はないかを聞いてくる。そこで「ない」と答えた場合、葬儀社がお寺を紹介することになる。そして葬儀社は僧侶派遣会社に連絡を取って、お坊さんの派遣を依頼するのである。

僧侶派遣会社が定着する前は、葬儀社が直にお坊さんを手配していた。ところが、すべての宗派の僧侶をある程度の人数そろえておかなくてはならないため、葬儀社の負担が大きくなってしまう。そこで、業務のいっさいを請け負ってくれる僧侶派遣会社に任せるようになったというわけだ。

現代のような社会状況で、もし僧侶派遣会社がなかったら、菩提寺を持たない人が葬儀にお坊さんを呼ぶことが難しくなってしまうのである。

そして首都圏では菩提寺のない人が六割とも七割ともいわれている。つまり首都圏の半数以上の葬儀に僧侶派遣会社が介在しているということになる。アマゾンの「お坊さん便」は、こうした僧侶派遣のひとつのバリエーションに過ぎない。葬儀をする僧侶の派遣なのか法事をする僧侶の派遣なのかの違いということだ。そして、一般の葬儀社と提携している僧侶派遣会社からお坊さんが紹介されているケースは、アマゾンを通して派遣されたケースより圧倒的に多い。おそらく、それは一〇〇倍ではきかないはずである。

「お坊さん便」が問題だと思うのなら、むしろ僧侶派遣会社を問題にすべきである。僧侶派遣というビジネスが、今まで問題視されてこなかったわけではない。たしかに、仏教界では批判的な声も多い。しかし、これまで各宗派も全日仏も、なんら対応をしてこなかった。

高度経済成長の時代、地方から首都圏に大量の人が集まるようになったころから、この問題が生じていたはずである。何十年もほったらかしにしてきたと言えなくもない。

首都圏に住む菩提寺のない人も、実はほとんどは実家に菩提寺があったりする。そして、跡継ぎではないうえ、故郷を離れているために菩提寺がないという状況になっている人たちの多くが、実際に葬儀をあげるときには僧侶にお願いしたいと考えているのである。

そうした要望に対応してくれるのは、葬儀社と僧侶派遣会社だけだった。もし僧侶派遣会社がなかったら、菩提寺を持たない人のほとんどは、お坊さんを呼ぶことはできないのだ。

仏教界は「批判はするが、対応はしない」というスタンスである。むしろ、仏教界がほったらかしにしてきたからこそ、こうしたビジネスが必要とされたといっても過言ではないだろう。

私も僧侶派遣をビジネスにすることは、決していいことだとは思わない。しかし、誰かがこの部分を補わなければ、都会での葬儀は成り立たない。仏教界が無関心である以上、企業がそこに関わらざるを得ない。

仏教界の無関心こそが、「お坊さん便」を生んだのである。

【4】繰り返される騒動と変われない仏教界

戒名の値段

全日仏では、イオンとのあいだに騒動があった約一〇年前にも、似たような問題が起きている。平成九年(一九九七)六月二一日の朝日新聞の朝刊に、浄土宗の宗務総長で作家の寺内大吉(てらうちだいきち)氏(ペンネーム／本名は成田有恒(なりたゆうこう)氏)と宗教学者の山折哲雄(やまおりてつお)氏の対談が掲載されたことがきっかけだった。

対談のタイトルは「戒名はいる？　いらない？」である。対談では、それぞれの立場から戒名の意義や歴史などについて淡々と解説していたが、司会の「戒名料はどうですか？」との質問を受けて、寺内氏がざっくばらんな意見を述べはじめたのである。

寺内　『お戒名は？』と聞かれたら、私は檀家の方にははっきり言っちゃう。『おたくは年が若いんで、院号をどうしても希望するなら五〇万円ぐらいはどうだろう』『おたくのご主人の一カ月の給料くらいの基準で考えておくれよ』と。

山折　サラリーマンの感覚では高すぎるのでは？

寺内　そりゃそうです。でも、一生に一度のことだから。

山折　寺の経営にかかわる？

寺内　そうです。何も恥ずかしいことではない。坊主自身がそのお金を変に使おうとするから恥ずかしいんであってね。

当時、寺内氏は浄土宗の宗務総長という重責を担っていた。浄土宗は法然を祖とし、京都の知恩院(ちおんいん)を本山とする宗派で、全国に約七〇〇〇の寺院を有する。宗務総長は浄土宗の行政的な代表者で、日本における内閣総理大臣のような立場である。ちなみに、浄土宗には浄土門主(もんす)という代表者もいて、それは宗教としてのトップで、日本における天皇のような存在である。

寺内氏は僧侶としては異色の経歴を持っていて、作家として『はぐれ念仏』という作品で直木賞を受賞している。スポーツ評論家としても活躍し、ラジオなどで野球・ボクシング・競輪の解説をすることもしばしばだった。

新聞などで発言をするような人は、ていねいに言葉を選んで失言にならないように気を配るものである。しかし、この寺内氏は歯に衣着せぬ発言が魅力のひとつで、前掲の発言も寺内氏らしい率直な意見だった。

これが一僧侶、一作家としての発言だったら、さして問題にされることもなかったのだろう。けれども、当時の寺内氏は浄土宗を代表する宗務総長という立場にあった。この発言が戒名を売り物にするような誤解をあたえかねないとして、宗派内で批判の声があがったのである。

批判を受けて、寺内氏は責任をとって宗務総長を辞任するという事態に追い込まれた。その後、寺内氏は選挙で再選され、再び宗務総長になるが、これをきっかけに戒名の問題に注目が集まるようになった。マスコミでも取りあげられることが増え、仏教界内部からも批判や反省の声があがってきたのである。

今後、戒名料という表現は用いない！

全日仏も、「これは一宗派でというより、仏教界全体で取り組むこと」（白幡憲祐全日仏理事長／当時）として、「戒名問題に関する研究会」を設置し、議論を始めた。第一回の研究会は、平成九年一二月四日に京都で行われた。このとき戒名問題について考えるうえでの問題提起として、仏教大学元学長の水谷幸正氏が「戒名（法名）問題の意義——仏教の現代的課題」と題する講演を行っている。

水谷氏は講演で「戒名の問題に関しては（中略）よりよい方向に改善していくことが重要であると思う」「戒名料は廃止すべきである」といった発言をしている。この講演が、全日仏における戒名問題の取り組みの方向性を定めたと言えるのだ。

その後、全日仏は「葬儀のこれからを考える」と題するシンポジウムを二回にわたって開催し、同時に「戒名（法名）問題に関する研究会」を重ね、議論に議論を重ねていく。そうして寺内氏と山折氏の対談が朝日新聞に掲載されてから約二年半後、研究会は報告書を提出した。

報告書は、議論されたさまざまな意見を述べたあと、次の二つの結論を述べる。

一、今後、「戒名（法名）料」という表現・呼称は用いない。
仏教本来の考え方からすれば、僧侶・寺院が受ける金品は、すべてお布施（財施）である。従って、戒名〈法名〉は売買の対象ではないことを表明する。

二、戒名（法名）の本来の意義を広く一般に知らしめるため、主な宗派から資料をご提供いただき、全日本仏教会が以下の内容のリーフレットを作成して、必要なところへ配布する。

①当該宗派に於ける戒名（法名）の教理的な意味
②戒名（法名）に関する当該宗派の規定〈例えば院号〉又は慣行
③一般信者が生前に戒名（法名）を受ける方法
④戒名（法名）に関する一般信者などからの相談窓口

報告書の最も重要なところは、一の「今後、『戒名（法名）料』という表現・呼称は用いない」という部分である。つまり、「戒名は売り買いの対象ではない」「戒名に対して支払われるお布施は料金ではない」と全日仏が表明したのである。

これは、全日仏が全国の僧侶に対して「戒名（法名）料という言葉を使わないように」という指導の意味合いと同時に、「今後、仏教界では戒名（法名）料という言葉を使いません」という一般社会に対する宣言でもある。徹底されれば、戒名に関する問題はなくなっていくはずだった。

しかし、この約一〇年後にイオンと全日仏のあいだでお布施をめぐる騒動が起こる。前回は「戒名」、今回は「お布施」と少しだけ論点が異なるが、問題の本質は同じである。報告書から一〇年が経過してもお布施問題や戒名問題が何も改善されず、何も解決しなかったということである。

もちろん報告書のあと、「戒名料」という言葉を使わなくなった僧侶もいる。しかし、依然として「戒名料」という言葉を使う僧侶が存在し続けているのが現状である。

そもそも「戒名料」という言葉を使わないことで、戒名に関する問題が何か少しでも解決するのだろうか？「戒名料」という言葉を使わなくなっても、戒名をめぐるお金の実態が変わるわけではない。むしろ使わないことに満足して、水谷氏が講演で語った「よりよい方向に改善していく」ことを辞めてしまったように見えなくもない。現実として、その後の戒名のあり方が変わったとも思えないし、戒名に関わるお布施のトラブルは依然としてなくならない。

人々が戒名の意味を理解すればいいのか？

戒名をめぐる報告書を出した全日仏の研究会のスタンスは、「もっと戒名の意味を一般の人に理解してもらわないとダメだ」というものである。裏を返せば「仏教界の提示する戒名のあり方は間違っていない、人々が戒名の意味を理解していないことが問題なのだ」というニュアンスが含まれている。

お布施や戒名のあり方が絶対的に正しいとこだわるのは、教義的な前提があるからだろう。教えが何よりも大切である、教えから外れてはならないという考え方は、宗教としてはごく自然なスタンスである。

しかし、現実の宗教は時代にあわせて変化してきた。仏教もキリスト教もイスラム教も同じである。ときには変化が間違った方向に行く場合もあっただろう。ただ、時代にあわせて変化することがなかったら、仏教もキリスト教もイスラム教も現代には残っていないだろう。まして日本の仏教は、お釈迦さまの仏教から変化に変化を重ねて現代まで続いてきたはずだ。

そういう意味では、お布施や戒名のあり方を〝変える〟ことを社会全体で考えるのも、宗教のあり方としては間違っていない。何よりも、これまでのお布施や戒名のあり方は、現代社会とのあいだに大きなズレを生じてしまっている。仏教が人々に安心をあたえることのできる存在になるためにも、お布施とは何か、戒名とは何かをもう一度考えていかなくてはならない時期に来ているのだ。

第5章

なぜお布施への違和感がなくならないのか

【1】お布施とは何か？

ある葬式のエピソード

知人から聞いた、家族の葬儀で体験した話を再構成したエピソードである。

母が死んだと妹から連絡がきたのは、母が入院している新潟の病院から帰ってきた翌日だった。長くはないことはわかっていたが、こんなに急だとは思わなかった。仕事で忙しくてなかなか会いにいけなかったが、母が亡くなる前に会うことができたのは、せめてもの救いである。

休日明けの月曜日だったが、すぐに新潟に戻らなければならない。何日休まなければならないのか、ちょっとわからなかったが、とりあえず同僚に仕事を引き継いで、早々に会社をあとにして新潟へ向かった。

私が新潟に着くころには、母の遺体は病院から実家に戻っていた。遺体には妹夫婦と大学生の甥っ子が寄り添っていた。高校を卒業するまで暮らしていた実家だが、母が入院するようになってから誰も住んでいなかったせいか生活感が乏しく、ちょっとよそよそしい感じがするのが気になった。

実は母の死が近いことを医者に告げられてから、「葬儀社はどこがいいか」とインターネットで調べていた。妹も調べていたらしく、相談するなかで、地元に住んでいる妹の意見を重視して葬儀社を選んだ。

電話をすると、葬儀社は一時間もしないうちに訪ねてきた。スタッフはお悔やみの言葉を述べたあと、聞き取りシートのようなものを出し、いくつかの質問をしてきた。そのなかに、お寺についての質問があった。聞かれるまですっかり忘れていたが、葬儀にはお坊さんに来てもらわなければならない。葬儀社のスタッフに「お坊さんの都合を聞かないと、葬儀の日程が決められない」と言われて少し慌ててしまった。

うちのお寺は実家のすぐ近所だが、名前が思い出せない。インターネットの地図で場所を確認したらお寺の名前がわかったので、さっそく電話をすることにした。

ご住職と話すのは、このときが初めてである。というより、考えてみればお坊さんと話をするのが初めてである。ちょっと緊張したが、話してみたらとても感じのいいご住職で少し安心した。母が亡くなったこと、葬儀社と打ちあわせをしていること、日程についていくつか候補があることなどを伝えると、「それじゃあ、明後日が通夜で、その次の日が葬儀ということにしましょう」という段取りになり、このあと枕経（まくらぎょう）に来てくれることになった。

電話を切ってから、葬儀社のスタッフと葬儀の内容について打ちあわせを続けた。一時間ちょっとでだいたいの内容が決まり、「事務所に戻ったら、見積もりを計算してファックスします」とのことだった。

そのとき、ふと頭をよぎったのは、お坊さんへのお布施である。葬儀社の人に「あの、お恥ずかしい話ですが、お坊さんへのお布施はどのくらい包めばいいんでしょうか？」と聞いてみた。すると、葬儀社の人は「お寺によって違うため、わからないのでお寺に聞いて欲しい」と言う。そんなものかと思いつつ、小一時間ほどするとご住職が枕経に来てくれたので、そのときに「お葬式のお布施はいくらお包みすればいいんでしょうか？」と聞いてみたのである。

ご住職の口から発せられたのは、「お布施は料金ではないので、お気持ちでけっこうです」という返事だった。予想外の答えだったので、ちょっと面食らってしまったが、「いや、お気持ちと言われてもわからないので、金額を言ってください」とさらに聞いてみた。しかし、返答は同じで「こちらから言うようなものではありません。本当にお気持ちでけっこうですので」とのことである。

ご住職が帰ってから、「いくら包めばいいのか」と家族会議である。妹もあまりお寺と付き合いがなかったのでわからない。同じお寺の檀家が知り合いにいないかと考えてみたが、四〇年以上も故郷を離れていたため、もう深い付き合いもない。父の葬儀のときの記憶を呼び起こそうとしてみたが、まったく思い出せない。あのときは母に任せっきりだったので、たぶんお布施のことには関わっていなかったのだろう。

そうこうするうちに東京から妻が到着したので、電話で義兄（妻の兄）に「実家の葬儀では、お坊さんにいくら包んだのか」と聞いてもらった。妻の両親が亡くなったときは、お布施は三〇万円包んだらしい。妻の実家のお寺は、お布施をどのくらい包めばいいか聞いたところ、すんなり「だいたい三〇万円くらいからの家が多いですね」と目安を教えてくれたという。義兄によると「東京で三〇万円なんだから、新潟でも三〇万円包めば充分じゃないの？」とのことだった。

金額がわかったことで、ちょっと安心して葬儀に臨むことができた。ところが、葬儀が終わって会食のときである。母の弟にあたる叔父と話していたら、お布施の話題になった。金額がわからなくて困ったこと、義兄に相談して三〇万円を包んだことを話したら、叔父が「三〇万円じゃ少なすぎる。まずいんじゃないか？」と驚いたのである。

義兄の体験から三〇万円にしたのだが、叔父の感覚ではちょっと違うというのである。叔父は横浜に住んでいて、自分の奥さんが亡くなったときに、かなりの金額を包んだようなのだ。

そうは言っても、すでにご住職に渡してしまったあとである。今さら、どうしようもない。そろそろ四十九日である。ご住職に日程の連絡をしたら、とても感じのいい対応をしてくれた。ただ私は、失礼なことをしてしまったんじゃないかと不安である。

ご住職の「お気持ちでけっこうです」という言葉は、本心なんだと思う。しかし、叔父は非常識な金額だと言う。いまだにどうすればよかったのか、答えが出てこない。四十九日にも、お布施は包まなければならない。それがまた憂鬱である。

る。

お布施が不安の原因に

お布施に不安を感じる人は多い。「金額をいくらにしたらいいか」がわからないからである。

ただし、正確には全員がわからないわけではない。お寺から何も言われなくても、金額を自分で決めることのできる人たちもいる。どちらかと言えば、都市部より地方のほうがお布施の金額を決められる人が多く、若い人よりも年輩の人に多い。

昔の人は経験上、お布施がどんなものかを知っていて、金額もいくら包めばいいかを知っていた。なぜ知っていたのかは後述するが、ひと言でいえば、お布施をどうしたらいいかということが、コミュニティのなかできちんと伝承されていたのである。ところが、そうしたコミュニティはだんだんと機能しなくなっている。特に都市部で、その傾向は著しい。

葬儀の喪主を務めるのは地方の人だけではないし、年配の人だけでもない。都会に住んでいようが、若かろうが、喪主になるときはある。しかも、お布施のことがよくわからないというのは、二〇代、三〇代だけなく、五〇代、六〇代だって同じだ。

そもそも現代は、お布施のしきたりに接することなく何十年も過ごしてしまうのが当たり前という時代である。

前述のエピソードに出てきた私の知人にとっては、「困っているのに、なんで教えてくれないんだ」という思いがあるだろう。お寺に葬儀をお願いしてから、けっこう長いあいだ不安な思いがあった。「ハッキリ言ってくれたら、こんなに不安にはならなかったのに」と文句のひとつも言いたくなってもおかしくない。

なぜ僧侶は、お布施の金額を言ってくれないのだろうか?

お布施とは何か

お布施の問題を考えるにあたって、「お布施とは何か」について整理しておく。お布施は、一般に葬儀や法事のときに僧侶に渡すお金のことを指すが、広い意味では葬儀・法事に限らず僧侶に渡すお金はすべてお布施ということになる。

しかし、お布施は本来、お金のことを意味する言葉ではない。『広辞苑』によると、次のとおりである。

①人に物を施しめぐむこと。
②僧に施し与える金銭または品物。

また『岩波仏教辞典』によると、次のようになる。

出家修行者、仏教教団、貧窮者などに財物その他を施し与えること。衣食などの物資を与える〈財施〉、教えを説き与える〈法施〉、怖れをとり除いてやる〈無畏施〉を〈三施〉という。大乗仏教では、菩薩が行う六つの実践徳目（六波羅蜜）の一つとされ、施す者も、施される者も、施物も本来的に空であるとして、執着（しゅうじゃく）の心を離れてなされるべきものとされた。転じて、僧侶に対して、与えられる金品をいう。（後略）

『広辞苑』の②に書かれている「僧に施し与える金銭または品物」、『岩波仏教辞典』の後半に書かれている「転じて、僧侶に対して、与えられる金品をいう」が、私たちが普通に考えているお布施のことである。

問題は、それぞれの前半に書いてある意味だ。『広辞苑』は、シンプルに「施し」と言っている。一方、『岩波仏教辞典』には詳しく解説されていて、❶布施は「施し」であり、❷布施には三つの種類があり、❸菩薩が行う修行のひとつであり、❹布施という行為はよこしまな心を持って行ってはいけない、とある。

❷と❹は補助的な説明なので、重要なのは❶と❸である。つまり布施は、施しであり、修行であるということだ。

布施の対象は、出家修行者や仏教教団だけでなく、貧窮者も含まれている。出家修行者や仏教教団に施す行為は、仏教に貢献したいという気持ち、修行者や教団がよりよい活動ができるようにという気持ちの表れということになる。このとき❹のように執着の心を持ってしまうと、布施ではなくなってしまう。施しによる見返りを期待してはいけないということである。

一方、貧窮者に対する施しは、まさしく〝慈悲の実践〟とでも言うべきものだろう。慈悲とは、『広辞苑』では「①仏・菩薩が衆生に楽を与えるを慈、苦を取り除くを悲という。…説に、苦を取り除くを慈、楽を与えるを悲とする。②いつくしみあわれむこと。なさけ」と解説している。貧窮者を前にして、その苦がなくなるように、楽を得られるようにと行う施しも布施ということだ。

また、布施という言葉は❸にあるように、修行という意味も持っている。〝布施行〟という言葉は、まさに修行としての布施である。

なぜ布施が修行なのか。布施は、自分が持っているものを出家修行者・仏教教団・貧窮者などに施すわけである。ところが人間という生き物は、所有欲を持っている。持つということに対する欲、いわば執着である。

仏教では、執着は苦の原因だとされる。『華厳経』には次のような一節がある。

それでは、人びとの憂い、悲しみ、苦しみ、もだえは、どうして起こるのか。つまりそれは、人に執着があるからである。

富に執着し、名誉利欲に執着し、悦楽に執着し、自分自身に執着する。この執着から苦しみ悩みが生まれる。

初めから、この世界にはいろいろの災いがあり、そのうえ、老いと病と死とを避けることができないから、悲しみや苦しみがある。

しかし、それらもつきつめてみれば、執着があるから、悲しみや苦しみとなるのであり、執着を離れさえすれば、すべての悩み苦しみはあとかたも無く消えうせる。

『仏教聖典』(仏教伝道協会)

人は執着をなくすことで、苦しみをなくしていくことができるというのが仏教の考え方である。布施という行為は、自分が大切だと考えているもの(その代表がお金であろう)を捨て去ることで、執着をなくしていくための修行なのである。

布施という行為を表現した、美しい物語がある。インドに伝わっている『ジャータカ』という仏教説話のなかにある「月とうさぎ」の話だ。

むかしむかし、うさぎと狐と猿が、仲よく暮らしていた。

あるとき老人がやってきて、三匹に施しを求めた。三匹は慈悲の心を持って、老人に施す食べ物を探しに出かける。猿は木に登って木の実をたくさん採り、老人のところに戻ってきた。狐は川で魚を捕まえて、戻ってきた。

ところが、うさぎはいくら食べ物を探してもなかなか見つからない。うさぎは悩んだすえ、ある決意をする。

狐と猿は火を焚いて、うさぎの帰りを待っていた。けれども、戻ってきたうさぎは手ぶらで、何も老人に施すものを持っていない。すると、うさぎは「私は食べ物を探すことができませんでした。そのかわり、私を焼いて食べてください」と言って、たき火に飛び込んだのである。

そのとき老人の姿が変化し、帝釈天(たいしゃくてん)という神さまが現れる。帝釈天は、うさぎの尊い行いと気持ちを称え、月のなかにうさぎをよみがえらせたのである。現在も月の表面に見えるうさぎの姿は、このときのうさぎだといわれている。

「月とうさぎ」の物語は日本に伝わり、『今昔物語』にも集録されている。聞いたことのある人も多いだろう。

ちなみに、『ジャータカ』は「本生譚(ほんしょうたん)」ともいわれ、お釈迦さまの前世を描いた物語である。つまり、このうさぎは、お釈迦さまの前世の姿なのだ。

うさぎの行為は、自らの命を施すという究極の布施である。理想的な布施行として、語り継がれている物語でもある。

お布施の金額は提示してはいけない？

ここまで読まれた方は、「なるほど、お布施の意味はわかった。でも、それは葬儀のときに渡すお布施となんの関係があるのか」と感じているのではないだろうか。「お布施は施しであり修行である」と言われても、ピンとこないというのが本音だろう。

一般生活者にとって、お布施はあくまでも葬儀や法事のときに僧侶に渡すお金のことである。ところが仏教では、葬儀や法事のときに渡すお布施にも、前述のような〝施し〟や〝修行〟という意味があると考えている。

日本の仏教徒の多くは「なんとなくの仏教徒」である。仏教徒としての感覚・感性は持っていて、手を合わせることは大切だと思っているが、「教えのことは詳しく知らない」というのが日本のオーソドックスな仏教徒だ。そして、「なんとなくの仏教徒」が日本仏教の歴史のなかで主流派であり続けてきた。

布施の本来的な意味は、理解するのがけっこうたいへんである。しかも理屈でわかったとしても、実践しようと考える人は少ない。まして日々の生活に追われている一般の人たちにとっては、普段の暮らしのなかで布施の意味を考えることなどない。そんな「なんとなくの仏教徒」に、布施の本来的な意味をわかってもらおうというのが、どだい無理な話なのだ。

僧侶は、どうしても本来的な意味にこだわりがちである。しかし、一般の人たちは、そんなことを理解する状況にない。そのため僧侶とのあいだにズレが生じてしまう。

お布施に関して、仏教と一般の人たちの考えを整理してみる。仏教の考えはこうだ。

○お布施は宗教的行為である、すなわち、お寺や僧侶への施しであり、自身の修行である。

○お布施は対価ではないのでお寺が金額は提示すべきでない、出す人が金額を決めるべきものである。

一方、一般の人たちは、次のように考えている。

○お布施は、葬儀や法事に対するお礼である。あるいは料金である。

○お布施の金額がわからないのは不安。金額をハッキリさせて欲しい。

仏教と一般の人たちとのあいだには、〈お布施の金額は提示すべきか否か〉〈お布施は対価であるか否か〉という二点で越えがたいズレが生じている。

ただ、現実には、すべての僧侶が同じように考えているわけではない。一般の人たちの思いを理解して、金額の目安を示す僧侶は少なくない。金額をハッキリ提示する僧侶もいるし、自分からは言わないが聞かれたら答えるという僧侶も多い。なかには、金額表をつくって提示する僧侶もいる。

地方では、お布施をいくら包めばいいかわかっている人が多く、都市部では少ないと前述したが、金額を提示する僧侶、金額を提示しない僧侶の分布も、ほぼこれに相当している。地方では、お布施の金額をハッキリ言う僧侶は少ない。一方、都市部では、かなりの割合の僧侶が、なんらかのかたちで金額を伝えている。むしろ都市部では、金額を提示しないことが許されない状況になりつつある。

実は、こうした一般の人たちの声に応えている僧侶は、それぞれの宗派の主流派からは冷たい目で見られがちである。主流派は「お布施も本来の意味に立ち返るべきであり、そこから外れることは仏教として間違っている」と考えているからである。特に宗派や全日仏のような組織が公式に出すコメントでは、必ずと言っていいほど「お布施は金額を提示すべきではない」の一辺倒である。

【2】僧侶はなぜ「お気持ちで」と言うのか？

仏教を支えてきた地域社会と家

お布施という問題を考えるにあたって、地域社会と家との関わりは避けて通ることができない。この二つは仏教と関わりが深く、お布施とも関わりが深い。

仏教界では「お寺はコミュニティの中心だった」という言葉をよく耳にする。江戸時代から戦後まもない時代まで、お寺は地域の集会所であり、悩み相談所であり、子どもたちの遊び場であり、茶飲み話をする場所であったという。現代ではそういう機能を失ってしまったが、再びお寺がそうした役割を果たしていきたいと考える僧侶は多い。僧侶らが、「お寺はコミュニティの中心だった」という言葉を好んで使うのは、ここに理由がある。

お寺が地域にコミュニティの場を提供する一方で、地域がお寺を支えてきたという側面もある。田舎に行くと、今でもお寺の檀家組織と村が一体の〝一村一カ寺〟の地域があり、それは檀家組織と村がイコールということになる。一村一カ寺でなくても、基本的に檀家組織は地域に根ざしている。地域のコミュニティが檀家組織のなかに入り込んでいるのだ。

檀家の代表である総代が、代々にわたって地域の有力者の家という不文律のあるお寺も多い。お寺に納める護持会費を集めたり、お寺からの案内を配ったりという作業を行うときに、地域のネットワークを利用しているお寺も多い。檀家同士の人間関係は、それ以前に地域コミュニティの人間関係でもあるのだ。地域コミュニティの存在なくして、檀家組織は成立しない。地域がお寺を支えてきたといっても過言ではない。

また、地域と同様に、家という制度も仏教とは関係が深い。最近は少なくなったが、戦後まもない時代は三世代同居が当たり前で、ひとつの家のなかに幅広い世代の人たちが一緒に暮らしていた。そのなかで、お寺との付き合いをするのは、隠居したお祖父ちゃんお祖母ちゃんの世代である。仏壇や神棚のお世話をするのも、祖父母である。

子や孫は、そうした祖父母の姿を見て、お寺との付き合いを学び、仏壇や神棚の世話の仕方を学んでいく。何よりも、仏壇や神棚の前で手を合わせる姿を見て、神仏の大切さを学んでいくのである。要するに、仏教は家庭のなかで伝えられてきたと言うことだ。

ところが現在、こうした状況が変わりつつある。

「地域社会が崩壊しつつある」と言われて久しい。崩壊と言っても、その内容はさまざまだが、以前のような濃密なコミュニティはもはや存在していないのは確かだ。都市部では、隣近所の人の顔も知らないというのが当たり前になりつつある。地方では今でも隣近所との付き合いはそれなりに深いが、さすがに隣の家の経済状況まで知っているような濃密な関係性が残っている地域はほとんどない。

こうした状況は、当然ながらお寺にも影響がある。お寺の行事に出向くと、以前は知り合い同士が多かったが、今ではお互いに知らない顔ばかりということが多い。代々お寺の総代を務めてきた家の跡継ぎが、総代になるのを嫌がるケースも増えている。集金をしたり、案内を配ったりという作業も、だんだんやり手がなくなってきている。

また、核家族化が進むと、仏壇や神棚は祖父母の家にはあるが、子・孫世代の家にはないというのが当たり前になっていく。家のなかから神仏がいなくなってしまったということだ。仏さまに手を合わせるという営みは、家庭のなかで〝親から子へ〟、あるいは〝祖父母から孫へ〟と伝えられてきた。そうした伝承が、なかなかできなくなっているというのが現実だ。仏教を支えてきた地域社会と家だったが、しだいに支えることができなくなってきているのだ。

お布施の金額が示されなかった理由

お布施の金額は提示すべきか否かという問題については、戦後まもない時代までは議論の対象になることはなかった。僧侶が黙っていても喪主は適切な金額を包んできたし、僧侶が金額を聞かれて「お気持ちでけっこうですよ」と答えても、困る人はいなかった。

それが現代では、通用しなくなっている。なぜなのだろうか。

「現代人の信仰心がなくなってきたのが原因。信仰心があれば、金額は自ずとわかるし、お布施の意味もわかるはず」と説明する僧侶もいる。ただ、これは現実的な議論ではない。信仰心は大切だが、それとお布施の金額がわかることのあいだに因果関係はない。

お布施の金額を提示しなくてもうまくいっていたのには、ほかに明確な理由がある。お布施の金額を決めるための、あるいはお布施をいくら包めばいいかを知るための社会システムが存在していたからだ。それが地域社会と家である。

三世代同居が当たり前の時代は、法事の施主となる世代とその次の世代が、同じ屋根の下に暮らしていた。葬儀や法事の段取りは、二つの世代が一緒に行うのが自然な流れだった。お寺に電話をしたり、お布施を包んだりする姿を、下の世代も見ることになる。お布施の金額をどうするかという知識も、こうして家のなかで伝えられてきたのだ。

そもそもお布施の金額は、地域が決めていたという現実もある。信仰にもとづいて個々人が自分で決めていたわけではない。地域がだいたいの相場を決め、それに個々の家が従っていたのである。もちろん、何か会議のようなものを通して決めたわけではない。お互いの空気を読みながら、阿吽（あうん）の呼吸で決めてきたのだ。

さらに、地域には地域の論理がある。本家と分家、地主と小作人などの序列が存在していた。お金がたくさんあっても、本家より多いお布施を包むことは許されない。地域の基本的な相場があり、それに家の序列が加わる。そうした地域の論理のなかで、お布施が決められていたのである。

もちろん、こうした相場をわきまえているのは、ある程度の年配者に限られる。若くして喪主になった場合、地域の相場がわからないこともある。そんなときでも、総代や近所の世話好きのおじさんやおばさんに相談すれば、すぐに教えてもらえた。場合によっては、その家の経済状況を推しはかって、お寺とのあいだに入って金額の調整をしてくれることさえあった。地域が持つ調整機能、いわば〝地域知〟とでも言うべきものが、お布施という制度を成り立たせていたのである。

そう考えると、なぜ現代ではお布施という制度がうまくいかないのかが見えてくる。

核家族の家が増え、お寺との付き合い方が親から子へと伝わりにくくなっていることが第一の原因である。親は夫婦で実家に住み、息子や娘は家庭を持って別に暮らしているというのがオーソドックスな現代の家族である。親夫婦がいくら熱心にお寺とお付き合いしていても、子どもたちは普段それを見る機会はないし、話題にすることも少ない。お布施を包む姿を見たことがないという状況が当たり前になりつつある。お布施のあり方を次の世代に伝えるという機能は、もはや現代の家にはない。

そして、地域コミュニティのあり方が変化しているというのが第二の原因である。現代では地域の相場が生まれるほど、地域の関係性が深いわけではない。ほかの家がいくらお布施を包んでいるかもわからないのが普通である。すると、お布施は地域の論理からだんだん離れていく。個々の家がいくら包むのかは自由になってくる。

ところが、人はこういった自由が苦手である。自由だと、いくらにすればいいかが余計にわからなくなってしまう。金額を決める基準を持っていないからだ。そこで誰かに相談したいと思っても、地域の付き合いがないと、相談する人がいないということになってしまう。お布施の金額を調整し、お布施の相場を教えてくれる社会システムは、もはや絶滅寸前である。だからこそ、「お布施はお気持ちでどうぞ」ということが通用しなくなりつつあるのだ。

【3】埋められないズレ

金額が決まっている費用

仏教界には、「お布施の金額を提示すると、対価になってしまい、宗教的行為ではなくなる」という考え方もある。つまり金額を示すと、〈施し〉〈修行〉ではなくなるということらしい。

ちなみに、お布施は一般的に葬儀や法事のときに払う費用を指すが、広い意味ではお寺に渡す宗教的な費用はすべてお布施である。祈禱をしてもらったときに払う祈禱料、墓地を使用する権利を得る永代使用料、お寺を維持する会費である護持会費などは、すべてお布施ということになる。

ところが、こうした費用については、ほとんどのお寺が金額を提示している。「葬儀や法事のときに払う費用については、金額を示してはいけない」という意見を仏教界では聞くことが多いが、それ以外の費用についてを問題視する意見は聞いたことがない。

現実として広義のお布施のほとんどは金額が決められて提示されているのに、葬儀や法事のときに払う費用だけが特別扱いされて、金額を提示すべきでないというのは、どう考えても説明がつかない。また、「お布施の金額を決めると対価になってしまい、宗教的行為ではなくなる」のなら、祈禱料・永代使用料・護持会費もお布施ではない、つまり宗教的な行為でないということになるのか。

葬儀のときに払うお金は本当にお布施なのか？

「本来のお布施は施しであり修行である」というのが仏教の基本的な姿勢だ。

私も、この点については異論はない。たしかにその通りである。

ただ、そう考えたとき、ひとつ問いたいことがある。葬儀や法事のときに払うお金は、そもそも本来の意味でのお布施と言えるのだろうか。

問題になっているお金は、まさに「葬儀や法事のとき」に払うお金である。「葬儀や法事のとき」に払うお金が、本当に〝誰かに対する施し〟であり、〝払う本人の修行である〟と言えるのかということである。

〝誰かに対する施し〟については、「普段からお寺にお世話になっているので、この機会に多めに包もう」という人もいるはずで、多少は施しの要素があるだろう。ただ、自分自身のお金に対する執着をなくしていくための〝修行〟だと考えてお布施を包む人はいるだろうか。

そもそも、ほかならぬ「葬儀や法事のとき」に払うという時点で、お布施から対価性を拭(ぬぐ)い去ることはできない。〝対価でなく、施しであり、修行である〟のなら、「葬儀や法事のとき」以外の機会に払うべきである。

葬儀や法事のときに払うお金は、葬儀や法事をやってもらったことに対するお礼の金銭である。それは本来の意味でのお布施と言うことはできないだろう。そもそも私たちは、本来の意味でお布施ではないものをお布施と呼んでいるのである。

お布施に関して、一般社会と仏教の考え方がズレてしまうのは、ここに原因があるのではないだろうか。

誤解して欲しくないが、私は「お布施はお気持ちでどうぞ」という言い方が根本的に間違っているなどと言うつもりはない。「お布施はお気持ちでどうぞ」と言って、お布施の金額を決めないことが、社会的に大きなメリットがある場合もあるからだ。

たとえば、お布施の金額が決まっていないことで、経済的弱者が葬儀を出すときの不安を軽減できる。お金に困っているのに葬儀を出さなくてはならなくなった家、あるいは一家の大黒柱を失って今後が心配な家などは、出せる分だけの金額を出せばいいという対応が可能になる。場合によっては、地域の世話好きな人がお寺とかけあって、「あの家は、お布施はなしにしてあげてよ」ということだってある。実際にこれまで、そうした対応がなされてきている。金額を決めないことによって、調整力が発揮されるのである。

しかし、地域社会の変容によって、残念ながらこうした調整力が発揮されにくくなっているのも事実である。調整をしてくれるような世話好きな人がいなくなってきたうえ、調整してあげたくても、そもそもほかの家の経済事情がわかりにくい時代になっている。困っている人がいれば、柔軟に対応したいと思っている住職もいるはずだが、人の家の台所事情がわかるほど関係性が深いわけではないので、現実的には対応することは難しい。自分から「お金がないので、これだけしか出せない」とは、言いにくいのだから。

地域コミュニティがなくなってきて、こうした調整力もなくなり、お布施の金額を決めないことの良さも失われてしまったのである。こんな状況のなかで、「お布施はお気持ちで」と言い続けるのは、遺族にとってあまりにも酷な話である。家族を亡くして悲しみに暮れているなかで、さらにもうひとつ不安が増えていることにもなる。

本来の意味でのお布施にこだわることは理解できるが、もう少し仏教側は歩み寄ってくれてもいいのではないかと思う。

本来のお布施

仏教では、「本来」ということが大切にされる。何か判断できないようなことがあると、「仏教では本来、どういうことなのか？」という議論が出てくる。「お釈迦さまだったら、どう考えるか」「お経にはどう書いてあるか」「親鸞さん、日蓮さんだったら、どう考えるか」などである。

本来お布施は〈施し〉であり、〈修行〉であるという議論がなされがちなのは、ここに理由がある。しかし、葬儀や法事のときに包むお金としてのお布施は、あくまでも社会的行為である。仏教の大元に戻るのはいいが、そこに社会的な視点がなかったら机上の空論になってしまう。

また、「本来は……」という考え方は、思考停止を生みやすい。特に僧侶が一般の人たちに対して「仏教では本来……ですよ」という伝え方をしたら、一般の人たちは黙るしかない。僧侶に向かって反論することは許されないのだ。おかしいと思っても、それを口に出してはいけない状況が生まれてしまう。そこですべてが止まってしまうのである。

お布施も社会的行為である以上、社会とバランスをとりながら、あり方を考えるべきだ。「お布施はお気持ちでどうぞ」という言い方をされると不安になる人が多いという現実を、ぜひ仏教界の方々に受け入れていただきたいと思う。そうした現実を受け入れたうえで対応していただけると、多くの人が安心して葬儀をすることができるようになるのは間違いない。

私は、今後の仏教界はお布施の金額をある程度は提示していくべきだと思うし、そうならざるを得ないと思う。もちろん、提示の仕方はいろいろある。聞かれたら目安を伝えるということでもいいし、場合によってはハッキリと金額を掲示することだっていいだろう。これ以外にも、もっといい方法があるはずである。新たなお布施の仕組みを、仏教界全体でもっと真剣に考えるべきなのだ。ただ、どんな場合でも、金額に柔軟性を持たせることは必要である。経済的に困っている人たちが、不安なく葬儀をすることのできる状況づくりもお寺には課されることになる。

お布施をめぐる混乱は、本来はお布施ではない「葬儀や法事をしてもらったことに対する費用」をお布施と呼んだことが原因だと前述した。しかし私たちは、「なぜ本来、お布施ではないものをお布施と呼ぶようになったのか」についても考える必要がある。

「お布施とは何か」のとらえ方は人によって異なる。本来のお布施は、見返りのない施しである。これは〝宗教的な行為としてのお布施〟である。一方、現実のお布施は、葬儀や法事をしてもらうという見返りを期待してのお金である。それは〝社会的な行為としてのお布施〟である。

両者の意味は、明らかにズレている。しかし、お布施という存在は、どちらか一方の意味だけで成り立っているのではなく、両者の意味のあいだを揺らぎながら成り立っている。実はこのズレが、お布施の価値を高めているのである。

日本人は、言葉の置き換えをすることによって、思いを加えるという文化を持っている。よく知られているのは、スルメを言い換えた〝アタリメ〟、アシ（葦）を言い換えた〝ヨシ〟などであろう。スルには「すり減る、掏る」という意味があるので、アタリという縁起のいい言葉に置き換え、アシは「悪し」なのでその反対の「良し」という縁起のいい言葉に置き換えたわけである。「すり減らないように」「掏られないように」、あるいは「物事が悪い方向に行かないように」「良い方向に行くように」という思いを、言い換えに込めたのである。

葬儀や法事のときに払うお金も「お経料」のほうがわかりやすいのだが（現実には「お経料」と表書きに書いて渡す地域もある）、それを「お布施」と言い換えることによって、お布施本来の意味である〈施し〉〈修行〉という行為の大切さを知ってもらおうとしたのではないだろうか？「お布施は葬儀をしてもらったことへの対価だけれども、お金を払うときに〈施し〉〈修行〉という思いを加えると、もっと安らかな気持ちになれるよ」と言いたかったのではないだろうか？

そうした思いが、この「お布施」という言葉には込められているように思える。日本人らしい美意識が、本来お布施ではないものをお布施と呼ぶようにしたのである。

仏教界が、お布施の意味を説き続けることは大切だが、お布施の意味を盾にして、お布施を出す人を不安にしてはいけない。お布施という言葉に込められているのは、僧侶に渡すお金に〈施し〉〈修行〉という思いを込めて安らかな心になることであって、〈施し〉〈修行〉という考えを押しつけて不安にさせることではないのだから。

制度疲労する仏教

お布施の金額をめぐって仏教と社会のあいだに葛藤が生じるのは、〈教義上のお布施〉と〈現実のお布施〉がズレていることに原因がある。仏教界が〈教義上のお布施〉にこだわることは大切であるが、お布施は「宗教的なもの」であるのと同時に、「社会的なもの」でもあるはずだ。お布施の背景にある社会は、常に変化している。少なくともお布施の金額を決めていた社会システムは、すでに崩壊しているのである。

現在、仏教をめぐる環境は、決して好ましい状況ではない。僧侶を呼ばない〝直葬〟が増えた、お墓を撤去する〝墓じまい〟が増えたなど、供養に関わるさまざまな事柄を「お寺抜き」で行おうと考える人たちが増えている。それは制度疲労した仏教の仕組みが、人々の「供養をしたい」という気持ちを阻害していることが大きな原因だ。

今、仏教に必要なのはお布施で不安になっている人がいるという現実を直視し、不安を生まない仕組みに再構築していくことである。当たり前のことだが、仏教自身が人々を不安にさせるようなことがあってはならないのだ。

第6章

戒名と檀家

【1】戒名とお金をめぐる違和感——あの世にも身分制度はあるのか？

死んだ人につける名前？

死んだ人につけられる名前である「戒名」。仏教でお葬式をあげた死者のほとんどにつけられているのだが、宗教的な意味を知る人はあまり多くないだろう。なんだかよくわからないけれど、人が死んだらつける名前といった程度の認識だ。

世間では、戒名に対して、どうもいい印象がない。「お寺に戒名をつけてもらったら、高額の戒名料を請求された」「いい戒名をつけてもらったら、そのあとのお布施も高額になってしまった」などの噂を一度くらいは聞いたことがあるだろう。噂の真偽はわからないが、多くの人が違和感を覚えているのは確かだ。

そうしたことから、「自分が死んでも戒名はいらない」と考える人もいる。有名人では、吉田茂首相の側近を務めた実業家の白洲次郎が「葬式無用 戒名不要」と遺言に記したところ、妻の白洲正子がその遺志を汲んで、葬式を行わず、戒名をつけることもしなかった。

また、戒名を僧侶につけてもらわず、自分でつけるという人もいるようだ。こちらも有名人では落語家の立川談志が、生前に自分で「立川雲黒斎家元勝手居士」との戒名をつけたという。談志は落語家らしく戒名でもユーモアをきかせたのだが、この戒名が災いして、遺族がお墓を買おうとしたところお寺に断られてしまい、納骨まで一年以上かかったそうだ。

もちろん、どちらも僧侶から見たら、とんでもない話である。本来の戒名の意味をわかっていないと言いたくなるだろう。

一般の人たちは、戒名のことはよくわからないけれども、違和感を覚えている。僧侶は一般の人たちの不理解を嘆いている。両者のあいだには、モヤモヤとした不信感が漂っている。

それでも人が死んだら、戒名がつけられて弔われる。どことなく納得できない違和感を抱えたまま、葬儀は行われているのだ。

遅ればせながら、死んでから仏教徒に

戒名の違和感について考えるにあたって、基本的な解説をしたい。〝戒名〟という名称を使わず、〝法名〟という名称を使う宗派もある。名称だけでなく、その意味合いも微妙に異なるが、ここでは特にことわりをいれない限り、両方を含めて戒名と呼ぶ。

戒名をひと言でいうと、仏教徒になるにあたってつけられる名前である。それゆえ、本来は生きているうちにつけるものとされている。だから僧侶は全員、戒名を持っている。

それがなぜ死んでからつけられるかというと、ほとんどの日本人が正式に仏教徒になる儀式を行っていないからである。カトリックの場合、入信するときに洗礼という儀式が行われ、洗礼名（クリスチャンネーム）があたえられる。それとほぼ同じ意味合いであるが、仏教の場合は仏教徒になるときに授戒（じゅかい）という儀式が行われ、戒名があたえられる。もちろん生きているうちに仏教徒になる場合である。

しかし現実は、九割近くの日本人が仏教で葬式をあげているのにもかかわらず、生前にこの授戒を受けて戒名を持っている人はほとんどいない。そのため仏教徒として葬式をあ

げるために、遅ればせながら亡くなったときに授戒をして、戒名をあたえるのである。
仏教の教義上、無事あの世に送り届けるのに必要な段取りということなのだ。

戒って何？

戒名という言葉には、「戒」という文字が入っている。授戒という儀式のことを、戒名をあたえる儀式と述べたが、正しくは戒をあたえる儀式である。

戒は、「仏教徒として守るべき戒め」のことを言う。導師（儀式の主宰者）からいくつかの戒を授かり、「今後は戒を守ります」と誓うことで仏教徒になれるのだ。そして戒を授かるときに、名づけられるのが戒名ということになる。

戒と言っても、イメージがわかない人も多いと思うので、いくつかの例を示す。あたえられる戒は宗派によって異なるが、代表的なのは「三帰戒」「十重禁戒」などだ。

三帰戒は、「仏に帰依します」「法（教え）に帰依します」「僧に帰依します」の三つである。帰依は、「信じて拠り所にする」という意味だ。つまり、「仏・法・僧を信じ、拠り所とします」ということになる。

また十重禁戒は、「生き物を殺さない」「盗みをしない」「浮気をしない」「嘘をつかない」「お酒を飲まない」「他人の過ちを非難しない」「自慢をしたり他人を非難したりしない」「他人に施しを惜しまない」「怒らない」「仏・法・僧を誹(そし)らない」となる。

三帰戒は、現代人の感覚ではあまり戒という感じがしないが、十重禁戒はすべて「〇〇しない」という内容なので戒としてわかりやすい。また、浄土真宗のように戒がない宗派もあり、そうした宗派では〝戒名〟と呼ばず、〝法名〟という名称が使われる。

お気づきだと思うが、重要なのは戒名ではなくて、戒である。授戒は戒を授かり、「その戒を守ります」と誓いを立てる儀式なのだ。仏教では、戒を授かって初めて仏教徒になれるとされている。

つまり、死後に戒名をいただくのは、遅ればせながら戒を授かって、正式に仏教徒になるということを意味する。もちろん、「死んでから戒を授かって、なんの意味があるのか」という向きもあると思うが、それはとりあえず置いておく。

社会制度としての戒名

ここまでの戒名の説明は、教科書的な説明である。「本来はこうあるべき」の説明だ。しかし、現実の戒名は、なかなか教科書どおりにはいかない。社会制度的な側面から見ると、宗教的な説明との乖離が見えてくる。

そのひとつが、「戒名が、あたかもお金で買うものかのごとくになってしまった」ことである。そして、もうひとつが「戒名にランクが生まれてしまった」ことである。さらに、この二つが組み合わさると、「ランクによって戒名の金額が違う」ということが生まれる。これが、さまざまな社会との軋轢を生み出すのである。

仏教界の考え方としては、戒名はお金で買うものではない。戒名に支払うお金はあくまでもお布施であり、〝お気持ち〟である。しかし、実態としては、戒名の対価のごとく、お金がお寺に支払われている。それだけでなく、お寺ごとに戒名の金額がおおむね決まっている。建て前は立派だが、現実はその正反対である。

戒名の構造

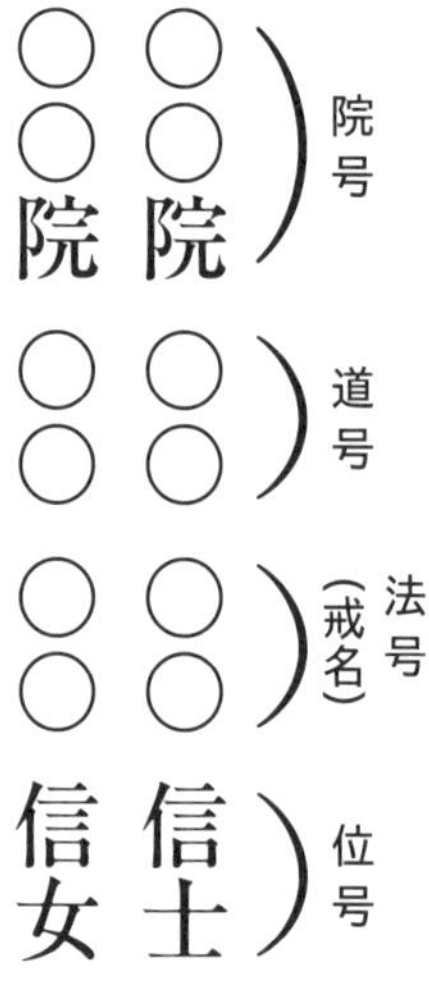

	男性	女性
院号	○○院	○○院
道号	○○	○○
法号（戒名）	○○	○○
位号	信士	信女

戒名は宗派ごとに少しずつ異なるが、ここでは代表的な戒名の構造について解説する（浄土真宗以外は基本的に構造は同じ）。

戒名は基本的に二文字であるが、位牌やお墓を見ると、それより多い数の文字が刻まれているケースがほとんどだ。六文字のものが多く、上から二字ずつ「道号・法号・位号」と言う。正式には「真ん中の法号のことを戒名と言う」のだが、これらの「文字全体を戒名と呼ぶ」ことが多い。

位号つまり一番下の二文字は、〝位（くらい）の号〟と書くくらいで、ここに戒名のランクが集約されている。一般的なのは男性が「信士」、女性が「信女」だが、それよりランクの高い位号として「居士」「大姉」がある。さらに上の「禅定門」「禅定尼」や「大居士」「清大姉」などの位号が使われることもある。

「道号・法号・位号」の六文字の上に、院号がつくこともある。「○○院」というもので、これがつくと「戒名としては最上級のもの」と考えられている。戒名をつけてもらうためにはお金が必要なことが多く、戒名にランクがあれば、当然ながらランクによって金額が異なってくる。一部のお寺では、院号をつけると何百万円なんてことになってしまうのだ。

地域のヒエラルキーが戒名のランクをつくった

戒名のランクは、もともとは地域社会のヒエラルキーを反映していた。戦前くらいまでは、農村には地主・自作農・小作人がいて、という社会構造になっていた。あるいは一族でも、本家と分家があった。戒名も、そうした俗の社会の身分制度を受けて、それぞれにふさわしいものがつけられていた。戒名のランクは、そうした封建社会の名残でもあるのだ。

しかし戦後、表面上は地域のヒエラルキーがなくなってくる。これまでヒエラルキーで下の立場にいた者でも、社会的な地位を得ることができるようになった。

戒名も同様で、もともと小作人の家でも、分家の家でも、いい戒名を授かることができるようになったのだ。ただ、そこに必要なのはお金である。お金を多く出せば、いい戒名を得られるという仕組みに変質したのである。

正直言って、どちらも感心できるものではない。封建的な身分制度をあの世に持ち込むことも、お金の多寡をあの世に持ち込むことも、すべては平等であることを説く仏教にはふさわしくないだろう。あの世に行っても身分制度があるというのは、とうてい受け入れられるものではない。

実は、戒名のあり方に疑問を感じている僧侶も少なくない。そうした疑問から、「戒名についていっさいお金は受け取らない、ランク付けも行わず、すべて最高の院号にする」というやり方をしているお寺もある。また、仏教（お寺）への貢献度で、戒名をつけるというお寺もある。この場合、お金をいくら出しても、高位の戒名は得られないことになる。

そもそもトラブルになるほど高額なお金を納めなければならないお寺が、そんなに多いわけではない。ただ、金額によって戒名のランクが異なること自体に違和感を覚える人は多い。もはや封建的な身分社会ではないし、お金で地位を買う時代でもないのである。

私は戒名そのものについては決して悪いものではないと思う。たしかに、死んでから戒を受けて正式な仏教徒になることは、理屈のうえでは釈然としない。しかし、この世とは異なる名前をあたえられるのは、死を前向きに受けとめるということで大いに意味があると思う。あの世での新たな人生の始まりを暗示しており、死をめぐる物語のひとつとしての広がりを感じることができる。

考えてみれば、戒名そのものに不満を感じている人はほとんどいない。そこにお金が関わるから、不満が生まれるのである。

それでも戒名は変わらない

戒名とお金に関してトラブルを起こすお寺は、なかなかなくならない。「あなたの家のクラスだと、このくらいの戒名じゃないと」と、半強制的に高ランクの戒名をつけられ高額の戒名料を請求されたケースや、いい戒名をつけてしまったばかりに、その後の年忌法要で高額のお布施を払い続けなくてはならなくなったケースなど、ほとんどのトラブルは「戒名にランクがあること」と「戒名にはお金が必要だということ」の二つに起因している。

そもそもトラブルにまでならなかったとしても、こうした実態に納得している人は少ない。戒名とお金に関する問題は、トラブルを起こす一部のお寺だけの問題ではなく、仏教界全体の問題なのだ。

お金をいっさい受け取らない、ランク付けも行わないというお寺もある。つまりこれは、やろうと思ったらできることなのである。しかし現実には、仏教界で戒名のあり方を変えていこうという大きな流れが生まれることはないだろう。仏教界における戒名のあり方は、現状が正しいという考えが主流だからだ。それに加えて、戒名のあり方を改革することは、経済的なデメリットが大きいからとも言える。

どこかのお寺が戒名のあり方を変えようとすると、圧力をかける存在も出てくる。抵抗勢力としてまず考えられるのは、近隣のお寺だろう。隣のお寺で戒名のあり方を変えられると、噂が広がって自分のお寺のやり方に批判が集まりかねない。それはなんとしても阻止したいというのが本音だろう。

それぞれの宗派や本山にも、戒名についての変革を促す力はなく、場合によっては宗派そのものが抵抗勢力になりかねない。宗派は、「隣のお寺」の集まりでもある。同調圧力が、見えるかたち、見えないかたちでかけられるのは間違いない。第四章で触れた、築地本願寺がお布施の金額をホームページに掲載したところ、宗派の議会から圧力がかかったという例（141ページ参照）が、戒名においても起こる可能性があるということだ。

おそらく戒名のあり方は、これからも変わらない。個々のお寺で小さな改革がなされることはあるだろうが、それが大きな流れとなることはないだろう。日本人が戒名に持っている違和感は、これからもなくならないのである。

【2】宗派という矛盾
――教えを信じているわけじゃないのに宗派に縛られる理由

宗派に縛られる日本人

日本の仏教には宗派がある。多くの日本人は、自分が何宗に属しているかについてあまり興味がないのだが、家族が亡くなって葬儀をするときに、急に宗派を意識しはじめる。ただ、「あれっ、うちは何宗だっけ？」と思い出せない人や「うちは確か○○宗だったよね？」とあやふやな人も多いのも現実だ。

不思議なのは、ほとんどの人は宗派に対してあまり興味がないにもかかわらず、葬儀をするとなると、宗派の制約を受けざるを得ないということである。そして宗派で重視されるのは、個人の信仰ではなく、家がどの宗派に属しているかなのだ。仮に個人の信仰を優先した場合、のちのちお墓に入れてもらえないなどの不都合が生じる可能性もある。

たとえば、こんなケースである。

あるとき、Aさんが亡くなった。Aさんは生前、坐禅に興味を持ったことがきっかけで、曹洞宗のお寺で仏教について学ぶようになっていた。Aさんは熱心にお寺に通い、住職を尊敬していた。家族はそのことを知っていたので、Aさんが通っていたお寺にお願いして、葬儀を執り行ってもらった。

葬儀後、お墓をどうしようか家族で話をしたが、なかなか結論が出ず、数年がたってしまった。そうこうしているうちに、Aさんの奥さんが亡くなり、息子さんが喪主となって葬儀を行うことになったが、今後を考えるとAさんの実家が檀家になっている菩提寺が何かと便利かと思い、そのお寺に葬儀をお願いすることになった。ちなみに、宗派は浄土宗である。

葬儀後、菩提寺でお墓を買おうと相談したら、住職からこんなことを言われたのである。

「奥さんは浄土宗で葬儀をあげたけど、Aさんは曹洞宗で葬儀をあげたんですね。戒名が違うので、もしうちのお寺にお墓を買っても、奥さんは入れるけれど、Aさんは入れませんよ。おふたり一緒にお墓に入るなら、Aさんの戒名をつけ替えなければいけませんね」

息子さんは困ってしまったが、住職の言うことを聞かないとお墓を買うことができないので、菩提寺でAさんの戒名をつけ替えてもらうことにした。もちろん、それなりのお布施は必要である。息子さんは、両親の葬儀を異なる宗派で行ってしまったのは自分の責任だと落ち込んでいたので、一緒のお墓に入れるためにはしょうがないと思い詰め、戒名のつけ替えをお願いしたのである。


この話を聞いて、みなさんはどう思うだろうか。Aさんの息子さんに対して、常識がないと感じる人もいると思う。それとは反対に、戒名をつけ替えるように言ってきた住職に対して、「ひどい」と感じる人もいるだろう。

いったい、どちらが正しいのだろうか。

宗派の生まれた事情

こうした齟齬（そご）が生まれるようになったのは、宗派に対する考え方が、僧侶側と一般生活者側で異なるからである。

そもそも宗派は、なぜ生まれたのだろうか。その経緯は日本史の教科書にも出てくるので、歴史好きでなくてもほとんどの人が知っているだろう。日本では平安時代や鎌倉時代に、それまでの仏教を独自の解釈で発展させた僧侶たちが登場し、そうした僧侶たちを宗祖として宗派が生まれ、後年に組織化されていったのである。

最澄や空海という名前を記憶している人は多いだろう。平安時代に活躍した僧侶で、ふたりが説いた教えは、それぞれ天台宗・真言宗として発展していった。また法然・親鸞・道元・日蓮という名前も有名である。この四人の僧侶が説いた教えはその後、浄土宗・浄土真宗・曹洞宗・日蓮宗として発展し、現代まで続いている。

異なる教えが説かれ、それを信じる人が集まって宗派が生まれた。ある意味では、宗派は〝それぞれ異なる宗教〟でもある。ただ、誕生したころの宗派は、どちらかというとサンガ、つまり〝同じ教えを信じる僧侶の集団〟といった傾向が強い。一般信者はあまり多くはなかったのである。

一般信者が増えてくるのは、仏教が葬送に携わるようになった室町時代後半からである。全国各地で死者の葬送のために寺を建立することが流行し、さまざまな宗派の僧侶が住職として迎えられた。このときお寺の宗派を何にするかは、村人にとってさほど大きな問題ではなかった。

当時の記録を見ると、室町時代後半ごろに宗派を変えている寺がかなり多い。宗派を変えた理由についての記録はほとんど残っていないが、村人が丸ごと信じる教えを変えたとは考えにくい。村人の葬儀をしてくれるなら何宗でもよかったので、たまたま住職として来てくれた僧侶の宗派に変わったというケースがほとんどだったと思われる。もともと仏教は、葬送を通して定着したため、宗派の違いはあまり意味がなかったのである。

しかし江戸時代になると、お寺がどの宗派に属しているかを幕府が管理するようになり、宗派の違いが厳格化された。さらに、幕府の政策によって本山の権限が高まり、本山と末寺のピラミッド構造がつくられていく。その結果、個人にとっても、お寺にとっても、宗派を変えることは困難になっていった。こうした構造は現代にまで残り、多くの人はさして宗派の教えに興味がないのに、宗派に縛られるようになったのである。

もちろん宗派は、僧侶らにとっては大きな意味を持っている。僧侶の資格を取るためには、宗派の教育機関・大学・本山・修行道場などで一定期間学ぶ必要がある。そこでは宗派の教えを学び、儀式を学び、同じ教えを信仰する仲間を得ることができる。そのため宗派への尊崇の気持ちは、私たちが想像する以上に深いものがある。

さらに、宗派にはブランド的な要素もある。宗派に属していないお寺と、曹洞宗や浄土宗など誰もが知っている宗派に属しているお寺とでは、どことなく重みが違うように見えてしまう。

ただ、こうした事柄も僧侶にとって重要なだけで、檀家や一般の日本人はほとんど興味がない。亡くなった家族の供養をしてくれれば、何宗でもかまわないという人が大多数なのである。檀家、つまり一般の仏教信者は、宗派の教えを説く仏教に帰依しているのではなく、家族の葬送をしてくれる仏教に帰依しているのだ。

日本の仏教は教えではなく先祖供養が基本

日本の仏教は、先祖供養が活動の基本である。もちろん教えが活動の背景にあるが、それは一般の仏教徒にとってはあまり重要な問題ではない。こうした状況は、日本人の多くが仏教徒になった室町時代後半から変わっていないのである。

ところが、現代の仏教はこの現実を受けとめることができていない。むしろ宗派の教えに関心を持たない檀家が、不勉強で怠慢（たいまん）だと考えている。檀家のほうが考え違いをしているのだと言うのだ。

しかし、考え違いをしているのは本当に檀家のほうだろうか。

先祖供養はもともと仏教にはなく、宗派を開いた空海・最澄・法然・親鸞・道元・日蓮らも、先祖供養にはほとんど言及していない。その後、室町時代に仏教が葬送を取り入れ、それがきっかけで庶民に仏教が広まっていった。日本人はみな、葬送を通して仏教徒になったのである。

そう考えると、葬送における宗派の違いは、あまり意味がないのではないかと思えてくる。儀式のやり方が異なったり、死後に行く浄土の場所が異なったりという違いはあるが、それは後年に意味づけされたものに過ぎない。死者をあの世に送り、安らかであることを祈るという基本は共通している。それなのに、宗派にこだわりすぎる現代の仏教は、現実が見えていないように思える。

ちなみに、前述のAさんの息子さんの選択は、やむを得ない選択だったとしか言いようがない。

もちろん、亡くなった両親の葬儀を別の宗派であげると問題が生じることを知っていれば、こうしたトラブルを避けることができたかもしれない。ただ、そうした知識は誰しもが持っているわけではないし、家族が亡くなるという非常事態のときに、それを調べる余裕もないだろう。

宗派という仕組みが、時代のなかで制度疲労を起こしているのである。仕組みを変えなくてはならない時期にきているのは間違いない。

それなのに、現代の仏教には対処しようとする気配もない。困っている人をほったらかしにしているといっても過言ではない。宗派にこだわりすぎて、一般生活者とのあいだに生じているズレを見ようとしていないのだ。

もちろん、宗派の教えを説くことは大切である。どの宗祖の教えもすばらしいものであるし、現代でも通用する普遍的なものである。

しかし、人々が帰依しているのは宗派の教えではなくて、家族の葬送をしてくれる仏教である。それに檀家が教えに関心を示さないのは、決して檀家の怠慢でもないし、僧侶の力不足でもない。もともと、それが日本の仏教なのだ。教えではなく死者への祈りが活動の中心であることは、決して恥ずかしいことではなく、むしろ誇るべきことであろう。

日々、仏壇やお墓で、亡くなった家族があの世で幸せに暮らしていて欲しいと祈ること、亡くなった家族にあの世から私たちの幸せを見守って欲しいと思うこと、それが私たちの仏教である。葬式仏教と揶揄される日本の仏教であるが、私にはむしろ死者への祈りと思いやりに満ちたすばらしい宗教であると見えるのである。

【3】檀家制度――対等性を欠いた制度が抱える構造的な矛盾

檀家が感じる無言のプレッシャー

現代の仏教を語るうえで、檀家制度という仕組みにも触れないわけにはいかない。檀家制度はお寺と仏教徒の関係性そのものであり、お寺の運営基盤となっている仕組みでもある。

ところが、檀家制度は戒名と同様に、世間ではとても評判が悪い。よく言われるのは、檀家になると、かなりお金がかかるということだ。定期的に寄付を強制される、葬式をするときに何百万円も戒名料を取られるといった噂を聞いたことがあるだろう。

たしかに檀家になると、それなりにお金がかかる。しかし、ほとんどのお寺は常識の範囲内でしかお金がかかることはなく、こうしたお寺はほんのひと握りに過ぎない。

ただ、この悪いイメージは、まったく謂れ（いわ）のないことというわけではない。

現実に檀家のかなりの割合が、お寺から大なり小なり心理的なプレッシャーを感じている。たとえば、「葬儀のときにお布施をいくら包めばいいのか教えてくれない」「自由意思で行うはずの寄付が『しなくてはならない』雰囲気になっている」「檀家を辞めようとしても簡単に辞められない」など、いろいろなところでプレッシャーを感じているのだ。やっかいなのは、ほとんどがブラックボックス化し、無言の抑圧となっていることである。

もちろん、お寺側もそうしたプレッシャーをかけていることに気づいてはいるが、それはお寺として正当な理由があると考えていて、傍観しているだけである。

檀家はお寺のスポンサーなのか？

そもそも檀家とは何であるかを述べようとすると、実に曖昧であることに気づく。実態と定義とのあいだにかなりのズレがあるし、その人が檀家なのか、僧侶なのかの立場によってもかなり受けとめ方が異なる。

檀家という言葉は、語源的には「檀那(だんな)の家」という意味である。檀那はサンスクリット語の「ダーナ」の音訳で、「布施」あるいは「布施をする信者」のことだ。そうすると檀家は、布施をする人の家であり、言い換えれば〝お寺のスポンサー〟ということになる。

たしかに、歴史的にはスポンサーの役割を果たしていた時代もあった。ただ、現代では自分自身のことをお寺のスポンサーだと考えている檀家はほとんどいない。お寺の会員であり、お寺に専属的に法事や葬儀を依頼する家といった認識の檀家が多いだろう。

現代の仏教には、世間とのあいだで認識のズレのある事柄が多い。代表的なものは「お布施」だが、「檀家」という事柄も仏教側と世間とではかなり受けとめ方が異なっている。

こうした場合、仏教界で必ずと言っていいほど語られるのが〝本来の〟という言葉である。「本来の檀家は、檀那、つまりスポンサーのことを言うんですよ」といった具合だ。そして〝本来の〟という言葉が出てきたとたん、一般の側は反論することができなくなる。「こちらは専門家なんだから」「心得違いをしているのはあなたのほうですよ」と言われているようなものである。

しかし、〝本来の〟と言っても、それは語源を示しているに過ぎない。語源は大切なものだが、言葉の意味が語源と異なることはいくらでもある。当たり前のことだが、人はコミュニケーションをとるとき、現在使われている意味で言葉を使う。語源を意識するかもしれないが、必ずしもその意味で使用するわけではない。

たとえば、「玄関」という言葉はもともと仏教語で、語源的には「玄妙な道への関門」ということであり、悟りへの入口という意味がある。しかし、家の玄関を入ろうするとき、「本来の玄関は、悟りへの入口という意味です。そうした気持ちで玄関を通らなくてはなりません。単なる入口と考えるのは間違いです」と言われて納得するだろうか。

「本来の檀家は、檀那、つまりスポンサーのことを言うんですよ」と語るのも同じである。現在の檀家のあり方を話しているのに、語源を持ち出すと、論点がズレてしまう。それは納得を促しているのではなく、単に権威で黙らせているだけに過ぎない。

そもそも〝本来の〟という言葉が出てくる時点で、もともとの意味と現在使われている意味が異なっていることを白状しているようなものである。これではお寺と世間とのズレは、いつまでたっても解消されない。

お寺と檀家の関係性

檀家は、属しているお寺のことを「菩提寺」と呼ぶ。菩提寺は、先祖の菩提を弔ってくれる寺、死後の冥福を祈ってくれる寺という意味だ。檀家という言葉の語源と実態とのあいだにかなりズレがあるのと比べると、菩提寺という言葉はほぼ実態どおりの言葉である。

一般に檀家は菩提寺にお墓を持っていて、家の誰かが死ねば菩提寺に葬儀を依頼し、初七日や一周忌などの法事もお願いする。お寺で行うお彼岸やお盆、花まつりなどの行事は、檀家のために行われており、基本的に檀家でない人が参加することはない。

お盆の時期に、僧侶が檀家の一軒一軒を回り、家の仏壇の前でお経を読む「棚経（たなぎょう）」も、菩提寺と檀家の関係のなかでは重要なものだ。近年、都市部では廃れてきているが、以前はお盆が近づくと、スクーターに乗って檀家まわりをする僧侶の姿をよく見たものである。一日に五軒も十軒もまわるので、小まわりのきくスクーターを利用する僧侶が多かったのだ。

だいぶ少なくなったが、月参りと言って僧侶が毎月、檀家を一軒一軒訪ねてお参りする習慣が残っている地域もある。

檀家は基本的に、菩提寺以外のお寺に法事や葬儀を依頼することはできない。檀家を辞めることは可能だが、辞めるためには離檀料が必要だといわれており（実際には必要のないことが多い）、それを恐れて辞めたくても辞めることのできない人もいる。

ここまで読んで、なんて前時代的で、制約の多い組織だと感じる人も多いのではないだろうか。

なかでも、〈檀家はお寺の檀那、つまりスポンサーである〉〈檀家は菩提寺以外に仏事を依頼できない〉という考え、〈檀家を辞めたくても辞めることができない人がいる〉といった実態は、なかなか理解しづらい。最近では、檀家に歩み寄っているお寺がだいぶ増えてきたが、全体としてはまだまだ一部に過ぎない。

問題はこうした関係が、双方の共通認識にもとづいて成立しているわけではないということだ。

ほとんどの檀家は、自らの意思で檀家になったわけではない。親が檀家だったから、先祖が檀家だったから、そのまま受け継いだだけである。

新たにお墓を買って檀家になった場合、ある程度の合意がなされているケースもあるが、詳細な説明を受けていることはほとんどない。ましてお寺を経済的に支えようと考えて檀家になった人がいるとは思えない。さしたる合意事項もなく、なんとなく檀家になっているだけなのである。

檀家を辞めるのは簡単ではない

檀家が嫌なら辞めればいいだけだという意見もある。一見、筋は通っているようではあるが、檀家を辞めるということは容易ではない。

まず、住職がいい顔をしないであろうことが予想できる。まあ、それだけなら、ちょっと嫌な思いをすればいいだろう。問題は、お墓である。

多くの場合、檀家になっていると、お寺の境内にお墓があるということになる。檀家を辞める場合は、お墓をお寺から別の場所に移さなければならない。このお墓の引っ越しがたいへんなのだ。

たとえば、民間の霊園にお墓を引っ越すとしよう。そうすると、まずは民間の霊園で墓地を取得しなければならない。そのうえで、もともとのお墓の「魂抜き」の法要をして、遺骨を取り出し、墓石を撤去する。そして新しいほうの霊園に墓石を移し（もしくは、新たな墓石を建立し）、遺骨を納めるという流れになる。

これだけのことをするには、最低でも一〇〇万円はかかる。二〇〇〜三〇〇万円かかることもめずらしいことではない。これでは、簡単に「檀家を辞める」とは言い出しにくい。

辞めることが難しい人は、何を言われても拒絶しにくいものだ。お互いの関係が悪くなるくらいなら、納得できなくても黙るしかない。お寺は何も言われないから、同意してもらっていると感じているかもしれない。しかし、それは「黙らせている」だけである。

納得できなくても黙るのは、辞めるのが難しいからだけではない。お寺と檀家の関係が対等ではないからである。

僧侶は仏教を専門的に学び、本山という権威ある場所で修行や研修をおさめた特別な存在である。社会的には、尊敬すべき人だと位置づけられている。檀家の多くも、僧侶は尊重すべき存在であると考えている。何か言いたいことがあっても、なかなか言いにくい関係性だ。檀家は、僧侶という存在そのものに権威を感じているのである。

もちろん、僧侶を尊重するのは悪いことではない。私自身も、僧侶は尊重すべき存在であると思う。問題は、その権威がお寺と檀家の適切なコミュニケーションを阻害していることだ。檀家は言いたいことがあっても、言わなくなっていく。お寺は何を言っても、大概のことは許されるようになっていく。両者の関係を客観的に見ることのできる僧侶もいるが、現実はこの状況で自分を見失わないことのほうが難しい。

現状の檀家制度は、お寺と檀家の関係が著しく対等性を欠いている。その構造が、さまざまな問題点を見えなくしているのだ。

再構築が求められる檀家制度

ここまで檀家制度の問題点について書いてきたが、檀家制度も悪いことばかりではないことも付け加えたい。

たとえば、お寺には「棚経」「月参り」という習慣がある。棚経は、お盆の時期に僧侶が各檀家をまわり、読経をするというものである。それを毎月行うのが月参りということになる。月参りは、地方によって行うところと、行わないところがあるが、棚経はほぼ全国的に行われている。僧侶と檀家が定期的に顔をあわせるという習慣は、人間関係を深めるだけでなく、崩壊しつつある地域コミュニティを補完する機能がある。高齢者が孤独にならないための話し相手になることができるし、高齢者の心身が健康かどうかを確認することも可能だ。コミュニティがなくなりつつある地域社会で、高齢者が生き生きとした暮らしを続ける助けになることができる。

檀家制度は、もともとは必要があって生まれたものだ。お寺も檀家に支えられてきたし、檀家もお寺に支えられてきた。地域の人間関係が希薄になってきた現代だからこそ、檀家制度にできることもあるだろう。医療でも〝かかりつけ医〟が叫ばれている現在、菩提寺も〝かかりつけの寺〟となるべきではないかという意見もある。檀家制度は、今なお大きな可能性を持っていると私は考えている。

ただ、今のままの檀家制度では、それは実現しないだろう。必要なのは、もっと風通しの良い組織にすることだ。最低限、檀家が感じる心理的なプレッシャーを解消してあげることは必要だ。金銭的なやりとりも、もっとオープンにすべきだろう。檀家になったり、檀家を辞めたりすることが、もっと自由で、もっと容易であるといい。

こうした改革はお寺にとって、デメリットしかないように思えるかもしれない。檀家への制約によって、お寺が守られてきたという面があるからだ。しかし、実は強い制約で守られてきたことが、社会を見る目を失わせ、制度疲労を引き起こし、めぐりめぐって自分たちを苦しめているのである。風通しを良くすることは、一時的には活動の不安定化をもたらす可能性が高い。それでも、ここを変えていかなくては、お寺に未来はないだろう。

葬式仏教の未来——むすびにかえて

本書の前半では葬式仏教の宗教世界について、後半では葬式仏教が抱える課題としてお布施問題を中心に解説させていただいた。

全体を通して特に意識したのは、〝仏教を人の営みとして見る〟ということである。教えを無視するつもりはないが、〝教え一辺倒から離れる〟ことで、これまで見えなかった側面が見えてくる。その点で、これまでとは異なる新しい仏教観を提示できたのではないかと思う。

多くの日本人にとって、仏教とは大切な家族を無事あの世に送ってくれるための宗教である。ところが、歴史の教科書や仏教書では、仏教はお釈迦さまの教えをもとにした宗教であるとしか書かれていない。あるいは、親鸞や道元ら日本の祖師方の思想をもとにした宗教と理解されている。

教え中心で考えていくと、葬式仏教は仏教ではないという考えに行きつく。その理屈は、論理的には正しいだろう。しかし、それで本当に仏教を理解できたと言えるのだろうか。机上の空論としての仏教理解になっていないだろうか。日本の仏教は間違いなく葬送が中心である。それを受けとめることなしに仏教を理解することはできないのだ。

現代では、仏教をとりまく環境は決して明るいものではない。直葬や一日葬、墓じまいの増加、年忌法要の省略など、さまざまな問題が表面化している。

私はその原因のひとつに、「供養したいという素朴で純粋な人の想いを、思想的な仏教が抑圧している」ということがあるのではないかと思っている。現代の仏教は理詰めの説明が多く、とても窮屈である。そもそも話が難しくて、聞く気も起きてこない。ほとんどの人は、仏教は自分の生活とは関係のないものと感じるようになっている。

供養の文化は、これからもなくならないであろう。ただ、供養を仏教ぬきで、僧侶ぬきで行おうという方向には、確実に進んでいくと思う。仏教離れが起きているのは、仏教が人々の想いを汲み取れていないからなのだ。

葬式仏教は、五〇〇年以上にわたって日本人に信仰されてきた宗教である。死者と生者がお互いを想いあうとても優しい信仰である。このまま葬式仏教を衰退させていくのは、あまりにも惜しい気がする。

そのためにも、仏教と人々とのズレはなくしていくべきだと思う。そしてズレをなくしていくための責任は、仏教側にあるのだ。

日本仏教の主要宗派

宗派	宗祖	本山	信者数 （令和4年12月31日現在）
天台宗	最澄	延暦寺〔滋賀県〕	153万3398人 （寺院は3313カ寺）
真言宗	空海	金剛峯寺〔和歌山県〕、 東寺〔京都府〕など	538万2147人 （寺院は1万2347カ寺） ※真言系計
浄土宗	法然	知恩院〔京都府〕	602万1900人 （寺院は6856カ寺）
浄土真宗 本願寺派	親鸞	本願寺（西）〔京都府〕	775万3864人 （寺院は1万78カ寺）
真宗 大谷派	親鸞	本願寺（東）〔京都府〕	727万6697人 （寺院は8424カ寺）
時宗	一遍	遊行寺〔神奈川県〕	8万1870人 （寺院は411カ寺）
曹洞宗	道元、 瑩山	永平寺〔福井県〕、 總持寺〔神奈川県〕	358万2780人 （寺院は1万4470カ寺）
臨済宗	栄西	建仁寺、妙心寺、 南禅寺〔京都府〕など	143万6094人 （寺院は5663カ寺） ※主要15派計
日蓮宗	日蓮	久遠寺〔山梨県〕	322万3484人 （寺院は4653カ寺）
黄檗宗	隠元	万福寺〔京都府〕	7万2732人 （寺院は449カ寺）

『宗教年鑑（令和5年度版）』文化庁・編

あとがき

本書は、朝日新聞社の言論サイト『論座』に令和二年一〇月から同五年四月まで連載された「社会制度としての仏教を考える」をもとに加筆修正したものである。

私は、平成一九年に株式会社寺院デザインという会社を設立し、それ以来、お寺の運営コンサルティングの仕事を続けている。当時はお寺のコンサルティングを行っている会社はほかに存在せず、この仕事が仏教界に受け入れられるかどうかもわからない状況でのスタートだったことを考えると、我ながらよく続いてきたものだと思う。

お寺の運営コンサルティングというのは、お寺をめぐって起きているさまざまな問題の解決が仕事である。たとえば、檀家の世代交代がうまくいかない、檀家とのコミュニケーションがうまくいかない、葬儀を簡素化する檀家が増えている、檀家のかなりの割合が都市部に引っ越してしまったなど、その相談内容は多岐にわたる。そして問題の原因を探り、解決策を考える、その繰り返しである。

仏教を理屈で解釈するのでなく、現実の寺院活動や檀家の行動を観察し、そのメカニズムを解明する。そして人は葬儀に何を求めているのか、人はなぜお墓に手を合わせるのか、人はなぜお布施を納めるのかなど、信仰する人の心のなかを探っていく。この視点なしには、コンサルタントの仕事はつとまらない。宗教は人の営みなのだ。

活動体としてのお寺を理解しようとすれば、どうしても葬式仏教に注目せざるを得ない。そこで見えてくるのが、死者への優しさに満ちた、実に豊かな宗教世界である。

葬式仏教は、日本人の宗教的情操を育んできた。そして、日本人が死と向きあううえで、とても大きな役割を果たしてきた。読者の方には、そうしたことを少しでも感じていただけたら幸いである。

本書は、産経新聞出版の赤堀正卓社長にご提案いただき、伊澤宏樹編集長の指導のもと完成することができた。また、朝日新聞社の高橋伸児さんには、本書のもととなった『論座』での連載をお声がけいただき、連載を通じてさまざまなご助言をいただいた。この三人のご指導なしには、本書を世に出すことができなかった。謹んで御礼申しあげたい。

薄井秀夫

初出

第1章　人は死んだらどこへ行くのか？

［1］なぜ死者のことを「ホトケさん」と呼ぶのか
論座『なぜ死者のことを「ホトケさん」と呼ぶのか』（朝日新聞社）２０２２年08月12日

［2］仏教は『千の風になって』が嫌い
論座『死後の世界をめぐる仏教と人々の〝ズレ〟』（朝日新聞社）２０２１年06月02日

［3］魂はどこへ行った？……………………書き下ろし

［4］葬儀というドラマ……………………書き下ろし

［5］日本人はあの世をどう考えていたか……………書き下ろし

［6］信仰の構造——教えと祈り……………書き下ろし

第2章　葬式仏教という宗教

［1］葬式仏教は仏教を堕落させた犯人なのか？
論座『葬式仏教は、仏教を堕落させた「犯人」なのか？』（朝日新聞社）２０２１年01月19日

［2］僧侶が弔いに関わってはいけない時代
ｗｅｂｓｉｔｅ『お葬式検索.jp』（全日本葬祭業協同組合連合会）２０２３年05月30日

［3］教義では説明できないお盆という行事
論座『教義では説明できないお盆という行事』（朝日新聞社）２０２１年08月17日

［4］死者との対話がもたらすもの
論座『死者と対話する日本人』（朝日新聞社）２０２２年03月16日

［5］非言語が伝えるもの

第6章　戒名と檀家

［1］戒名とお金をめぐる違和感——あの世にも身分制度はあるのか？
論座『戒名とお金をめぐる違和感』（朝日新聞社）2020年12月02日

［2］宗派という矛盾
論座『宗派という矛盾』（朝日新聞社）2021年07月26日

［3］檀家制度——対等性を欠いた制度が抱える構造的な矛盾
論座『檀家はお寺に黙るしかない』（朝日新聞社）2020年10月19日

参考文献

『第十二回「葬儀についてのアンケート調査」報告書』一般財団法人日本消費者協会
『死者の救済史』池上良正・著（角川選書）
『〈ほとけ〉と力』佐々木宏幹・著（吉川弘文館）
『万葉集』中西進・訳注（講談社文庫）
『霊はあるか——科学の視点から』安斎育郎・著（講談社ブルーバックス）
「現代の伝統仏教の『死後の世界』観」藤山みどり（宗教情報センターｗｅｂｓｉｔｅ）
『真宗生活入門講座Ⅱ 仏教をめぐる対話』東本願寺
『日本人の価値観—世界ランキング調査から読み解く』鈴木賢志・著（中公選書）
『仏教儀礼辞典』藤井正雄・編（東京堂出版）
『葬儀大事典』藤井正雄・監修（鎌倉新書）

『葬儀概論』碑文谷創・著（表現文化社）
『「お葬式」の日本史』新谷尚紀・著（青春出版社）
『先祖の話』柳田国男・著（角川ソフィア文庫）
『古事記』倉野憲司・校注（岩波文庫）
『仏教の歴史一〇 来世と現世の願い——室町から江戸へ』ひろさちや・著（春秋社）
『民俗仏教と祖先信仰』竹田聴洲・著（東京大学出版会）
『葬式仏教』圭室諦成・著（大法輪閣）
『方丈記 発心集』新潮日本古典修成
「年間連続調査・日本人（6）宗教観」（読売新聞）
「宗教的心情としきたりの関連」小谷みどり・著（第一生命経済研究所）
「工業統計調査」（経済産業省）
『仏教聖典』（仏教伝道協会）

略歴

薄井 秀夫（うすい ひでお）

株式会社寺院デザイン代表取締役。昭和41年、群馬県生まれ。東北大学文学部（宗教学）卒業。中外日報社、鎌倉新書を経て、平成19年にお寺の運営コンサルティング会社である株式会社寺院デザインを設立。檀家や地域に求められるお寺にするため、活動の再構築のサポートを行っている。著書に、『葬祭業界で働く』（ぺりかん社）、『10年後のお寺をデザインする』『人の集まるお寺のつくり方』『寺院墓地と永代供養墓をどう運営するか』『どこが違うの？お仏壇』（鎌倉新書）など。

ブックデザイン：ユリデザイン 中尾香

葬式仏教
——死者と対話する日本人

令和６年6月18日　第１刷発行

著　　者　薄井秀夫
発 行 者　赤堀正卓
発行・発売　株式会社 産経新聞出版
〒100-8077 東京都千代田区大手町1-7-2
産経新聞社8階
電話 03-3242-9930　FAX 03-3243-0573
印刷・製本　サンケイ総合印刷株式会社

ISBN 978-4-86306-176-7　C0015